KB028279

팔면 오르고 사면 떨어지는 사람들을 위한

투자하는 마음

The Little Book of Behavioral Investing: How not to be your own worst by James Montier

Copyright © 2010 by John Wiley & Sons Limited.
Korean translation copyright © 2021 by MindBuilding

All Rights Reserved. Authorised translation from the English language edition published by John Wiley & Sons Limited. Responsibility for the accuracy of the translation rests solely with MindBuilding and is not the responsibility of John Wiley & Sons Limited. No part of this book may be reproduced in any form without the written permission of the original copyright holder, John Wiley & Sons Limited.
This translation published under license with the original publisher John Wiley & Sons Limited through Amo Agency, Seoul, Korea

이 책의 한국어판 저작권은 AMO에이전시를 통해
저작권자와 독점 계약한 마인드빌딩에 있습니다.
저작권법에 의해 한국 내에서 보호를 받는 저작물이므로
무단 전재와 무단 복제를 금합니다.

팔면 오르고 사면 떨어지는 사람들을 위한

투자하는 마음

제임스 몬티어 지음 박선령 옮김

개인투자자를 위한 금융 문해력 바이블

인간의 본성과 시장의 상호작용을
이해하려는 사람들을 위한 필독서! _댄 애리얼리

마인드
빌딩

샬럿에게
당신의 미소가 나의 세상을 환하게 밝혀줍니다.

실수하는 인간, 호모 미스타쿠스

나는 잘못된 선택을 하는 데 전문가다. 몸에 좋지 않은 음식을 먹고, 운동을 미루고(오늘의 잘못된 선택이었다), 후회막심한 투자 결정을 내리는 등(어휴!) 수년간 수많은 실수를 저질렀다.

일곱 명의 내 아이들이 10대 시절 그릇된 선택을 하는 모습도 지켜봤다. (다행히 이제는 한 명만 빼고 모두 10대에서 벗어났지만, 곧 손자 손녀들이 그렇게 할 것이다.) 10대들은 오늘은 쉬운 선택만 하고 어렵고 힘든 선택은 전부 내일로 미루는 놀라운 능력을 가지고 있는데 문제는 일부는 어른이 된 뒤에 그 능력을 더욱 발전시켜 오히려 더 나쁜 결정을 내린다는 것이다.

나는 지난 몇 년 동안 소액으로 투자를 시작한 초보 투자자부터 억만장자까지 수백 명의 투자자들을 인터뷰했다. 그리고 인터뷰를 할 때마다 그들이 저지른 실수와 둘러대는 변명이 너무나도 창의적이라서 깜짝 놀라곤 했다.

국가와 세계도 나쁜 선택을 수없이 하고 쉬운 길만 택하는 바람에 결국 80년 만에 최악의 세계 경제 위기에 처했다. 이제 뉴노멀로 복귀하는 길목에서도 여러 가지 힘든 선택을 해야 한다. 역사는 개인과 국가의 잘못된 선택으로 가득 차 있다.

지난 수십 년 사이에, 인간은 예측 불가능한 비이성적인 행동을 할 뿐만 아니라 예측이 가능한 비이성적인 행동을 하기도 한다는 사실에 주목하는 새로운 과학이 등장했다. 이 새로운 행동과학은 우리가 결정을 내리는 방식을 연구하기 시작했고, 결국 인간에 관한 온갖 흥미로운 사실(때로는 고통스럽기도 한)을 알아냈다.

인간의 감정과 의사결정 과정의 많은 부분은 10만 년 전 아프리카 사바나에서 생존하는 데 맞춰 발달한 뇌 구조와 밀접한 관련이 있는 듯하다. 우리는 빠른 움직임에 적응했고 신속하게 결정을 내리는 법을 배웠다. 생명을 위협하는 사자를 피하고 영양가 높은 초식동물을 사냥하는 일에 말 그대로 생사가 달려 있었기 때문이다.

이런 생존 본능은 일반적으로 매우 유용하지만, 현대 세계, 특히 현대의 투자 세계에서는 이로 인해 여러 가지 실수를 저지르기 쉽다. 주식시장의 상승세가 계속될 것이라고 생각하면서 모멘텀 투자에만 몰두하거나 하락장이 반등하기 시작하는 순간에 손을 털고 나오는 경우를 생각해보라. 아프리카 정글에서 생존하는 데 도움을 줬던 본능이 세계 금융계라는 정글에서는 통하지 않을 수 있다.

......
투자하는 마음

다행히 우리는 항상 실수만 저지르는 '호모 미스타쿠스homo mistakus'가 아니다. 우리가 늘 잘못된 결정만 내렸다면 인류는 우리보다 실수를 적게 하는 생존자들에게 자리를 내주고 오래전에 역사의 뒤안길로 사라졌을 것이다.

우리는 올바른 선택을 하는 방법을 배워서 알고 있고, 본인의 실수나 타인의 성공과 지혜를 통해 교훈을 얻기도 한다. 앞서 얘기한 것처럼 나는 백만장자 수백 명과 정식으로 인터뷰를 하면서 그들이 내린 현명한 결정(때로는 탁월하기까지 한!)과 그 결정을 내리게 된 과정에 매료되었다.

현생 인류인 호모 사피엔스는 여러 가지 감탄스러운 능력을 지니고 있다. 우리는 훌륭한 작품을 만들고, 번뜩이는 아이디어를 내고, 엄청난 동정심을 발휘할 수도 있는데, 이 모든 것이 올바른 선택의 결과물이다. 행동과학은 우리가 어떻게 그런 선택을 할 수 있는지 이해하도록 도와준다.

한때 금융계의 토대(효율적인 시장 가설, CAPM, 현대 포트폴리오 이론)로 여겨지던 것들에 의문을 제기하거나 그것들을 시장에서 발생한 많은 문제의 원인으로 보고 비난하기도 하지만, 행동경제학이라는 새로운 세계에서 투자 불안에 대한 해답을 찾는 이들도 많다. 우리 자신과 우리가 결정을 내리는 방식을 이해하면, 올바른 선택을 위한 체계적인 프로세스를 만들 수 있다. 때로는 잠재적인 선택의 바다에서 표류하기도 하고 때로는 감정이 최종적인 결과를 좌우하기도 하지만, 올바른 도구만 갖추면 안전한 항구까지 가는 확실한 길을 찾을 수 있다.

문제는 행동경제학과 관련된 수많은 연구와 추론이 하나의 완성된 학문으로 정립되지 못해서 접근하기가 좀 어려워 보일 수도 있다는 것이다. 하지만 《행동경제학Behavioural Finance: Insights into Irrational Minds and Markets》이라는 책을 쓴 내 친구 제임스 몬티어가 이번에는 자신의 다채로운 지식을 《투자하는 마음》이라는 이 책에 쏟아부었다.

나는 제임스의 연구 내용에 대해 잘 알고 있다. 그가 《강세론자의 눈으로 투자해서 성공하기Bull's Eye Investing》라는 책을 쓸 때, 행동경제학에 관한 내용을 함께 쓴 적도 있다. 그래서 나도 그 주제에 대해 꽤 아는 편이다. 하지만 비행기에서 읽은 《투자하는 마음》에는 최근 몇 년간 읽은 투자 관련 서적 중에서 최고의 내용이 담겨 있었다. 책을 읽는 동안 수없이 "이거 내 얘기잖아!"라면서 가슴 아프게 인정해야 했다. 그리고 한숨을 쉬면서 다시는 실수를 되풀이하지 않겠다고 다짐했다. 하지만 적어도 이제는 뭘 피해야 하는지 알고 있으니 습관을 개선할 수 있을 것이라고 믿는다.

이 책을 적어도 1년에 한 번씩은 다시 읽을 생각이다. 고맙게도 제임스는 책을 재미있게 써서 독자들은 이 주제에 흥미를 느끼게 될 것이다. 그의 타고난 풍자 감각이 책 전체에 배어 있다. 왜 팔아야 할 때 팔지 못하는지, 왜 쓸데없이 목표 주가를 정하는지 등 제임스는 통찰이 가득 담긴 16개 챕터를 통해 더 뛰어난 투자자가 될 수 있는 청사진을 제시한다. 실수만 저지르는 호모 미스타쿠스와는 이제 그만 안녕이다!

이 책을 요새 읽는 책들 맨 위에 올려놓거나, 자주 참고할 수 있게 책상 가까이에 두는 게 좋을 것 같다. 그러면 결정의 순간에 침착하게 대처할 수 있을 것이다. 이제 편안하게 앉아서 제임스가 우리 내면의 '스폭'을 끄집어낼 수 있게 하자!

존 몰딘, 금융 전문가

투자의 가장 큰 적은 누구인가

내가 어떻게 당신에 관한 책을 쓸 수 있을까? 우리는 한 번도 만난 적이 없을 것이다. 또 당신에 관한 책을 쓸 만큼 당신을 잘 아는 것도 아니다! 답은 매우 간단하다. 당신은 인간이고(이 책이 다른 행성에서도 판매되지 않는 이상 독자는 모두 인간일 텐데, 이런 생각까지 하는 것은 내가 지나치게 낙관적이라는 증거일 것이다), 인간은 누구나 정신적인 함정에 빠지기 쉽다. 이는 삶의 모든 부분뿐만 아니라 투자의 경우에도 마찬가지다. 가치투자의 아버지인 벤 그레이엄은 "투자자의 가장 큰 문제이자 가장 위험한 적은 자기 자신이다"라고 말했을 정도이다.

이렇듯 투자자가 하는 해로운 행동과 관련한 증거는 S&P500과 같은 소극적인 지수 수익보다 투자자의 실제 수익률을 측정하는 달바Dalbar의 연례 보고서에서 확인할 수 있다. 이들은 투자자가 시장에 들어오고 나간 시점까지 조사했는데 결과는 별로 좋지 않았다.

지난 20년 동안 S&P500은 해마다 평균 8퍼센트가 조금 넘는 수익을 창출했다. 현업 펀드매니저들은 여기서 1~2퍼센트의 수수료를 떼기 때문에, 주식형 펀드에 투자한 개인은 연간 6~7퍼센트의 수익을 얻었으리라고 생각할 것이다. 하지만 주식형 펀드 투자자들의 실제 수익률은 연 1.9퍼센트에 불과하다. 그 이유는 최악의 시점에 사고 팔았기 때문이다. 벤 그레이엄의 말대로 진짜 적은 바로 우리 자신이다.

하지만 반드시 그러리라는 법은 없다. 더 나은 결정을 내리는 법을 배울 수 있기 때문이다. 쉽지 않지만 가능한 일이다. 이 책《투자하는 마음》은 투자자들이 직면하는 가장 일반적인 행동 문제와 정신적 함정을 살펴보고, 이런 타고난 성향을 억제할 수 있는 전략을 알려줄 것이다. 그 과정에서 세계 최고의 투자자들이 투자수익률에 악영향을 미치는 행동 편향에 어떻게 대처해왔는지도 살펴볼 것이다. 그들의 경험을 통해 교훈을 얻어 수익률은 높이고 손실은 줄일 수 있기를 바란다.

📈 가장 중요한 교훈

행동심리학을 가르칠 때면 청중들이 내가 말하는 정신적인 실수가 어떤 것인지 잘 알고 있음을 느낄 수 있다. 하지만 대개 그들은 본인의 실수가 아니라 다른 사람의 실수만 알아차린다. 우리 자신이 아니라 트레이더인 빌이나 포트폴리오 매니저인 피트가 딱 그런 편향을 갖고 있다는 것이다. 이렇게 사람은 누구나 편견이라는 맹점을 가지고 있는 것 같다.

예를 들어, 미국인들을 대상으로 진행한 한 연구에서 평균적인 미국인이 특정한 정신적 실수를 저지를 가능성이 얼마나 되는지, 그리고 본인이 그와 똑같은 실수를 저지를 가능성은 얼마나 되는지 평가해달라고 했다.[*] 이때도 편견의 맹점이 작동했다. 조사 참가자들은 평균적인 미국인이 모든 부분에서 자기보다 정신적인 실수를 많이 저지른다고 생각했다.

하지만 지난 30~40년간 수집한 증거는 모든 사람이 언젠가는 정신적인 장애물에 직면할 가능성이 높다는 것을 보여준다. 따라서 내가 알려주고 싶은 가장 중요한 교훈은 이 책에서 얘기하는 편견과 실수가 모든 사람에게 영향을 미칠 수 있다는 것이다.

왜 우리는 이런 행동 편향에 시달리는 것일까? 그 이유는 우리 몸의 모든 기관과 마찬가지로 뇌도 진화 과정을 거쳤기 때문이다. 그런데 진화는 아주 느린 속도로 진행되기 때문에 우리 뇌는 지금도 15만 년 전 아프리카 사바나의 환경에 맞춰져 있다는 것을 기억해

---

[*] E. Pronin, D. Y. Lin, L. Ross, "The Bias Blind Spot: Perceptions of Bias in Self versus Others," 〈성격 및 사회 심리학 회보(Personality and Social Psychology Bulletin)〉 28 (2002): 369-381.

야 한다. 따라서 우리 뇌는 300년 전의 산업화 시대는 물론이고 현재의 정보화 시대에 적합하지 않을 수 있다.

《은하수를 여행하는 히치하이커를 위한 안내서Hitchhiker's Guide to the Galaxy》라는 소설을 쓴 더글러스 애덤스는 이렇게 말했다. "애초에 인류가 나무에서 내려온 것 자체가 큰 실수였다는 데 동의하는 이들이 점점 늘어나고 있다. 심지어 어떤 이들은 나무에 올라간 것부터가 잘못이고, 절대 바다를 떠나지 말았어야 한다고 말하기도 한다". 나무(혹은 바다)를 떠난 게 우리의 첫 번째 실수였을지는 모르지만, 분명한 것은 그게 마지막 실수는 아니라는 것이다.

📈 감정과 논리
....

심리학자들은 뇌의 작동 방식과 관련해 우리 머릿속에는 두 가지 다른 시스템이 내장되어 있다고 말한다. 영화 〈스타트렉Star Trek〉의 열성 팬이라면, 이 두 개의 시스템을 닥터 맥코이와 미스터 스폭으로 구분할 수 있을 것이다. 맥코이는 더할 나위 없이 인간적이고 항상 감정에 따라 행동한다. 반면 반은 인간이고 반은 벌컨 족인 스폭은 언제나 감정을 억누르고 논리적으로 결정을 내린다. 당신이 지구상에서 〈스타트렉〉을 보지 않은 유일한 사람일 경우에 대비해 설명하자면, 벌컨 족은 감정을 배제한 채 이성과 논리에 따라 살아가는 것으로 유명한 휴머노이드 종족이다.

우리가 X-시스템이라고 부르는 뇌의 맥코이 부분은 결정을 내릴 때 보통 감정적으로 접근한다. 그런데 X-시스템이 기본 옵션이기 때문에 모든 정보는 일단 X-시스템으로 전달되어 처리된다. 그 과정은 아무런 노력을 하지 않아도 자동으로 진행된다. X-시스템이 내리는 판단은 대개 유사성, 친숙성, 근접성(시간상의) 같은 측면에 기초한다. 이런 정신적 지름길 덕분에 X-시스템은 대량의 정보를 동시에 처리할 수 있다. 사실 X-시스템은 빠르고 간편한 '만족' 시스템으로, 정확하다기보다는 대략 맞는 답을 제시하려고 한다. X-시스템에서 뭔가가 효과적이라고 믿게 하려면, 그냥 그게 효과적이라고 생각하기만 하면 된다.

C-시스템이라고 부르는 뇌의 스폭 부분은 정보를 보다 논리적으로 처리한다. 이 시스템에 관여하려면 신중한 노력이 필요하다. C-시스템은 문제를 해결할 때 연역적이고 논리적인 방식을 따르려고 한다. 그러나 모든 논리적 프로세스가 그렇듯이 한 번에 한 단계씩만 처리할 수 있기 때문에 정보를 처리하는 속도가 느리고 연속적이다. C-시스템이 뭔가가 사실이라고 믿게 하려면 증거와 논리가 필요하다.

물론 이 글을 읽은 사람들은 다들 자기가 스폭 타입이라고 생각한다. 그러나 X-시스템은 우리가 생각하는 것보다 훨씬 넓은 영역에서 우리 행동을 조종한다. 실제로 우리는 처음에 나타나는 감정적

반응을 그대로 믿어버리는 경우가 많고, 결정을 검토하기 위해 C-시스템을 활용하는 건 어쩌다 한 번 있는 일이다. 예를 들어, 돌에 발가락을 찧거나 기둥에 머리를 부딪치는(우리 집에서는 자주 벌어지는 일이다) 경우, 무생물체가 우리가 저지르는 실수를 피하기 위해 할 수 있는 일은 아무것도 없는데도 불구하고 그 무생물체를 저주한다!

신경과학자들은 X-시스템과 관련된 뇌 부분이 C-시스템과 관련된 뇌 부분보다 진화적으로 훨씬 오래되었다는 사실을 발견했다. 이는 논리에 대한 욕구가 진화하기 전에 감정에 대한 욕구부터 진화했다는 뜻이다. 이상하게 들릴 수도 있지만, 한 가지 예를 살펴보면 요점을 명확하게 이해하는 데 도움이 될 것이다. 내가 당신 앞에 있는 테이블에 커다란 뱀이 든 유리 상자를 올려놓은 후 당신에게 몸을 앞으로 숙이고 뱀에게 집중해달라고 했다고 하자. 이때 갑자기 뱀이 머리를 쳐든다면 당신은 자기도 모르게 순식간에 몸을 뒤로 젖힐 것이다(뱀을 무서워하지 않는 사람이라도 말이다).

이런 반응을 보이는 이유는 당신을 보호하기 위해 X-시스템이 반응했기 때문이다. 뇌는 뱀이 움직이는 것을 감지한 순간부터 신호를 내보낸다. 이 신호는 두 가지 경로로 전송되는데, 이를 '윗길'과 '아랫길'이라고 부르기로 하자. 아랫길은 X-시스템의 일부로, 정보를 곧장 편도체(공포와 위험을 지각하는 두뇌 중추)로 보낸다. 편도체는 빠르게 반응해서 몸을 홱 젖히도록 만든다.

신호의 두 번째 부분(윗길로 향한 신호)은 긴 신경회로를 통과해서

C-시스템으로 정보를 전송하는데, 여기에서는 정보를 보다 의식적
으로 처리해서 잠재적인 위험을 평가한다. 이 시스템은 당신과 뱀
사이에 유리벽이 있다는 사실을 지적한다. 하지만 이때는 이미 반응
을 보인 뒤다. 생존의 관점에서 볼 때는 거짓 양성이 거짓 음성보다
나은 반응이다. 감정은 논리를 이기도록 되어 있다.

📈 당신은 스폭인가, 맥코이인가?

물론 우리는 다양한 상황에서 두 가지 시스템을 동시에 사용한
다. 그런데 X-시스템이 심하게 손상된 사람은 아무런 결정도 내리
지 못한다는 연구 결과가 있다. 그들은 하루 종일 침대에 누워 온갖
가능성을 곰곰이 따져보기만 할 뿐 어떤 행동도 취하지 않는다.

그러나 투자할 때는 C-시스템을 사용하는 게 효과적일 수 있다.
다행히 X-시스템을 통제하는 게 어렵지 않다는 사실이 실험을 통해
확인되었다. 예일대학의 셰인 프레더릭 교수(예전에는 MIT에서 일했던)
는 X-시스템에서 나온 정보를 확인하는 C-시스템의 능력을 평가하
기 위한 간단한 테스트를 고안했다. 세 가지 질문으로 구성된 이 간
단한 테스트는 IQ 검사나 SAT 점수보다 확실한 결과를 보여주는데,[*]

---

[*] S. Frederick, "Cognitive Reflection and Decision Making," 〈경제학 전망 저널(Journal of
Economic Perspectives)〉19 (2005): 24-42.

이 세 가지 질문을 합쳐서 '인지 반응 과제^{CRT}'라고 한다.

다음과 같은 세 가지 질문을 생각해보자.

1. 야구 배트와 야구공을 합친 가격은 1.10달러다. 배트는 공보다 1달러 더 비싸다. 공의 가격은 얼마인가?
2. 5대의 기계로 제품 5개를 만드는 데 5분이 걸린다면, 기계 100대로 제품 100개를 만드는 데는 시간이 얼마나 걸릴까?
3. 호수에 수련 잎이 떠 있다. 이 잎은 매일 두 배씩 자란다. 잎이 호수 전체를 덮기까지 48일이 걸린다면, 호수의 절반을 덮는 데는 얼마나 걸릴까?

이 질문들은 모두 명확해 보이지만 안타깝게도 오답과, 그다지 분명하지 않지만 정답을 가지고 있다. 질문 1의 경우, 빠르고 간편한 X-시스템은 0.1달러라는 답을 내놓는다. 하지만 논리력을 약간 발휘하면 사실 정답이 0.05달러라는 것을 알 수 있다.

배트 1개 + 공 1개 = 1.10달러

배트 1개 - 공 1개 = 1.00달러

배트 2개 = 2.10달러

배트 1개 = 1.05달러

따라서 공 1개 = 0.05달러

질문 2의 경우, 직감적으로 떠오르는 답은 보통 100분이다. 그러나 조금만 생각해보면 기계 5대로 제품 5개를 만드는 데 5분이 걸린다면, 기계 1대가 제품 1개를 만드는 데 5분이 걸린다는 것을 알수 있다. 따라서 기계 100대가 제품 100개를 만드는 데도 5분이 걸린다.

마지막으로 3번 문제에서 가장 흔한 오답은 48일의 절반인 24일이다. 하지만 수련 잎이 매일 두 배로 커진다면, 호수 전체를 뒤덮기 전날에 호수 절반을 덮은 상태일 테니 정답은 47일이다.

당신이 이 문제 중 하나 혹은 세 개를 모두 틀렸더라도 걱정할 필요 없다. 당신만 그런 게 아니다. 프레더릭은 3,500명에게 이 문제를 냈는데 3문제를 다 맞힌 사람이 17퍼센트뿐이었다. 하나도 못 맞힌 사람도 33퍼센트나 됐다! 가장 성적이 좋은 그룹은 MIT 학생들이었다. 그들 가운데 48퍼센트가 세 가지 문제를 다 맞혔다. 하지만 이는 결국 세계에서 가장 우수한 학생들 중에서도 다 맞힌 사람이 절반 이하라는 얘기다. 전문 투자자(펀드매니저, 트레이더, 애널리스트) 600명에게 이 문제를 냈더니, 40퍼센트만 세 문제를 다 맞혔고 10퍼센트는 한 문제도 못 맞혔다.

이 사실은 무엇을 말해주는가? 바로 인간은 X-시스템을 이용해서 의사결정을 하고 더 논리적인 C-시스템의 확인을 거치지 않는 경향이 있다는 것이다. 당신이 맞힌 프레더릭의 문제 개수는 손실 회피, 보수주의, 조급함 같은 행동 편향과 관련이 있다. 문제를 하나도 못 맞힌 사람은 세 문제를 다 맞힌 사람보다 뚜렷한 행동 편향을 드러낸다.

세 문제를 다 맞혔으니 이 책을 그만 읽어도 되겠다고 생각한다면, 이 점을 기억해야 한다. 매우 중요한 편향 두 가지는 CRT 성적의 영향을 받지 않는다는 것 말이다. CRT 점수가 아무리 좋아도 과잉 낙관, 과신, 확증 편향 같은 몇 가지 특정한 정신적 함정에 빠질 가능성이 있다. 이 문제는 다음 장에서 자세히 살펴볼 예정이다.

📈 통제하기 힘든 X-시스템
....

X-시스템에 의지할 가능성이 가장 높을 때는 언제일까? 이 문제를 조사한 심리학자들은* 다음과 같은 조건일 때 X-시스템을 이용해서 결정을 내리는 경우가 많다는 사실을 알아냈다.

- 문제가 구조화되어 있지 않고 복잡할 때
- 정보가 불완전하고 모호하며 자꾸 바뀔 때
- 목표가 불분명하거나 변하거나 상충할 때
- 시간 제약이 있거나 위험성이 높아서 스트레스가 클 때

---

* Gary Klein의 《힘의 원천(Sources of Power: How People Make Decisions)》(Cambridge, MA: MIT Press, 1999) 참조.

• 다른 사람과 의사소통하면서 결정을 내려야 할 때

당신은 어떨지 모르겠지만, 나는 위와 같은 상황에서 결정을 내려야 하는 경우가 많았다. 확실히 투자 결정을 내릴 때는 위와 같은 요인이 많이 작용한다.

세계 최고의 투자자 중 한 명인 워런 버핏은 투자자들이 X-시스템을 통제하는 법을 알아야 한다고 말했다. "IQ가 100만 넘으면, 지능은 투자 성공에 영향을 미치지 않는다. 평균적인 수준의 지능만 갖고 있다면, 그다음에 필요한 것은 투자자들을 곤경에 빠뜨리는 충동을 억제할 수 있는 기질이다".

하지만 행동 오류를 모두 해결했다고 생각하기 전에, 자제력(충동을 무시하는 능력)은 근육과 같다는 것을 알아야 한다. 사용한 후에는 재충전의 시간이 필요하기 때문이다. 다음 실험을 통해 확인해 보자.*

이 실험에서는 참가자들에게 실험 시작 세 시간 전부터 음식을 먹어서는 안 된다고 주의를 주었다(실험 시간도 이들이 점심을 거르고 와야 하는 애매한 시간으로 잡았다). 실험 참가자들은 세 그룹으로 나뉘었다.

첫 번째 그룹은 갓 구운 초콜릿 칩 쿠키의 향이 가득한 방으로 갔

---

* M. R. Muraven & R. F. Baumeister, "Self-Regulation and Depletion of Limited Resources: Does Self-Control Resemble a Muscle?" 〈심리학 회보(Psychological Bulletin)〉 126 (2000): 247-259.

다. 이 방에는 쟁반 두 개가 있는데, 한쪽에는 갓 구운 초콜릿 칩 쿠키가 놓여 있고 다른 쪽에는 무가 잔뜩 쌓여 있었다. 이들은 무는 원하는 만큼 먹어도 되지만 쿠키는 먹으면 안 된다는 지시를 받는다. 두 번째 그룹은 운이 좋다. 그들이 들어간 방에도 쟁반 두 개가 있고 각 쟁반에는 첫 번째 그룹과 똑같은 음식이 놓여 있지만, 이들에게는 쿠키를 먹는 것이 허락되었다. 세 번째 그룹은 아무것도 없는 빈방으로 갔다.

10분 뒤, 이들을 모두 한 방에 모아놓고 시험을 치르게 했다. 이 시험은 모양을 따라 그려야 하지만 앞서 그린 선을 가로지르거나 종이에서 펜을 떼지 않고 그렇게 해야 하는 까다로운 시험이었다.

각 그룹은 어떤 성적을 얻었을까? 갓 구운 쿠키의 유혹을 뿌리치고 무로 만족해야 했던 이들은 다른 두 그룹의 절반도 안 되는 시간에 테스트를 포기했다. 시도한 문제도 다른 그룹의 절반밖에 되지 않았다! 과자의 유혹에 저항하는 과정에서 의지력이 약해진 것이다.

이런 결과는 의지력에만 의존하다 보면 상황이 악화한다는 것을 말해준다. 우리에게 손짓하는 초콜릿 쿠키의 유혹에 저항하다 보면 형편없는 투자 선택을 하게 될 수 있다. 의지력만으로는 행동 편향에 제대로 대항할 수 없다.

워런 버핏의 말처럼, "투자는 간단하지만 쉽지는 않다". 어떤 투자가 효과적인지 이해하는 것은 간단하다. 자산을 내재가치보다 낮은 가격으로 매입한 다음 적정 가치 이상으로 거래될 때 매도해야 한다. 그러나 행동 편향은 우리가 해야 할 일을 제대로 하지 못하도록 방해한다. 바우포스트 대표이자 가치투자자인 세스 클라먼은 이렇게 말했다.

> 모든 사람이 증권 분석가가 되어 벤저민 그레이엄의 《현명한 투자자Intelligent Investor》의 내용을 암기하고 워런 버핏의 연례 주주 총회에 정기적으로 참석하더라도, 대부분은 핫한 회사의 주식 상장이나 모멘텀 전략, 투자 유행에 저항할 수 없다는 것을 깨닫게 될 것이다. 사람들은 여전히 데이 트레이딩을 하면서 주식 차트를 기술적으로 분석하려는 유혹을 느낄 것이다. 증권 분석가들은 그대로 과잉반응을 보일 것이다. 결국, 잘 훈련된 전문 투자자도 다른 투자자들이 항상 저지르는 것과 똑같은 실수를 저지를 것이다. 그리고 절대불변의 이유 때문에 그들은 이런 실수를 저지를 수밖에 없다.

대안은 몸에 밴 투자 방식을 개선하는 것뿐이다. 다음 장에서는 가장 파괴적인 행동 편향과 전문 투자자들이 자주 저지르는 심리적인 실수들을 살펴볼 것이다. 그리고 그런 실수 뒤에 숨겨진 심리적 배경을 탐구해 정신적 함정에서 벗어나는 방법을 알려줄 것이다. 또 수익에 악영향을 미치는 심리적 함정으로부터 포트폴리오를 보호하는 법도 소개할 것이다. 책을 읽다 보면 세계 최고의 투자자들이 행동 오류를 최소화하는 투자 프로세스를 개발하기 위해 얼마나 노력했는지 알게 될 것이다.

이제 당신의 마음속으로 향하는 항해를 시작하자. 우리의 첫 번째 기항지는 감정과 순간적인 흥분이다!

차례

추천의 말. 실수하는 인간, 호모 미스타쿠스 005 · **머리말**. 투자의 가장
큰 적은 누구인가010

CHAPTER **1** **공감 격차를 극복하기 위한 고수의 전략** 027
미루는 버릇의 위험성 031 · 사전 조치의 중요성 032

CHAPTER **2** **두려움을 느끼지 못하는 투자** 035
자제력과 성과 039 · 재투자를 위한 전투 계획 041

CHAPTER **3** **통제의 환상이 주는 착각** 045
낙관론과 X-시스템 049 · 타고난 천성 vs. 후천적 환경 050 · 지나친 낙
관주의를 경계하라 054

CHAPTER **4** **전문가의 실력과 자신감을 구분할 것** 057
자신만만한 전문가의 조언은 언제나 옳다? 061 · 권위에 대한 복종의
결과 064 · 펀드매니저는 기상캐스터인가, 의사인가? 066 · 시장에서
지나친 자신감은 금물 068

CHAPTER **5** **지식을 가진 사람은 예언하지 않는다** 075
쓸모없는 예측을 계속하는 이유 080 · 엉터리 예언과 추종자들 083 · 예
측이 아닌 분석으로 085

CHAPTER 6   소소익선일 때도 있다 091
정말 정보가 많을수록 좋은가? 093 · 예측에 확신을 더하는 정보 096
응급실에서 시장까지 098

CHAPTER 7   만성적인 조울증 환자, 미스터 마켓 105
시끄러운 행상인들로부터 자신을 보호하는 방법 110

CHAPTER 8   확증 편향을 벗어나기 위해선 찰스 다윈이 되어야 한다 113
실종된 로저 경 찾기 118 · 선입견의 포로 120 · 회사 죽이기 122

CHAPTER 9   종신 비관론자와 종신 낙관론자의 위험성 125
시장의 전환점을 놓치는 이유 131 · 보수주의의 근원, 매몰 비용 135

CHAPTER 10   내러티브 오류의 무서운 이야기 141
주식과 흥미로운 이야기의 관계 147 · 희망의 자본화는 시련의 징후
150 · 유혹에 맞서는 유일한 방어책 153

CHAPTER 11   버블이 터질 때 같이 폭발하지 않는 법 155
예측 가능한 놀라움을 가로막는 장벽 158 · 초보자를 위한 버블 확인법
163 · 당신이 전문가보다 유리한 점 168

CHAPTER **12** **심리적 편향을 극복하기 위한 멘탈 관리** 171

자기 귀인 편향 습관 버리기 174 · 사후 확신 편향 무시하기 177

CHAPTER **13** **ADHD 투자의 위험성** 181

골키퍼에게 배우는 지혜 185 · 부진한 실적에 깃드는 충동적 행동 욕구 187 · 투자자와 행동 편향 188 · 따분함이 필요한 순간 190

CHAPTER **14** **레밍의 속마음** 197

대중을 거스르는 괴로움 201 · 순응의 당근 203 · 집단사고의 위험 205 · 양떼 속에서 홀로 208

CHAPTER **15** **자리에서 일어날 때를 아는 사람** 211

원숭이도 싫어하는 잠재적 손실 215 · 근시안과 손실 기피 217 · 매도가 힘든 이유 219 · 가치를 뛰어넘는 소유 효과의 문제점 224

CHAPTER **16** **투자하는 마음은 디테일보다 프로세스를 중시한다** 229

과정의 심리학 235 · 과정에 대한 책임 238

맺음말. 자기 자신을 이기기 위한 첫걸음 242

공감 격차를 극복하기 위한
고수의 전략

우리 인간은 감정적인 시간 여행에 서툴다. 그래서 마음이 평온할 때 앞으로 어떻게 행동할 거냐는 질문을 받으면, 언젠가 자기가 잔뜩 흥분한 상태가 되었을 때 어떤 행동을 할지 잘 상상하지 못한다. 이렇게 감정적으로 압박을 받는 상태에서 자신의 미래 행동을 잘 예측하지 못하는 것을 '공감 격차'라고 한다.

다들 공감 격차를 경험한 적이 있을 것이다. 예를 들어, 배불리 먹고 난 직후에는 다시 배가 고파질 거라는 생각이 들지 않는다. 마찬가지로, 배가 고플 때는 충동구매를 많이 하게 되므로 슈퍼마켓에서 쇼핑을 하면 안 된다.

숲에서 길을 잃었다고 상상해보자. 배낭을 뒤져봤지만 음식도, 물도 없다. 깜빡하고 가져오지 않은 것이다. 세상에, 정말로 끔찍한 상황이다. 이 경우 음식과 물 중에 어떤 것을 가져오지 않은 게 더 후회될까?

심리학자들*은 실험을 위해 두 개의 그룹에 이 질문을 던지고, 참여해준 대가로 물을 한 병씩 줬다. 한 그룹은 체육관에서 운동을 시작하기 직전에 질문을 받았고, 다른 그룹은 운동을 마친 직후에 질문을 받았다. 사람들이 감정적인 시간 여행에 능하다면, 질문을 언제 받든 아무런 영향이 없어야 한다. 하지만 연구진이 밝혀낸 패턴은 그렇지 않았다. 운동 전에 질문을 받은 이들 중에는 물을 가져오

---

* L. Van Boven & G. Loewenstein, "Projection of Transient Drive States," 〈성격 및 사회 심리학 회보〉 29 (2003): 1159-1168.

지 않은 게 더 후회될 것이라고 답한 비율이 61퍼센트였다. 하지만 운동이 끝난 뒤에는 물을 가져오지 않은 것을 더 후회할 것이라고 답한 사람이 92퍼센트나 됐다!

내가 가장 좋아하는 공감 격차 사례는 친구인 행동경제학자 댄 애리얼리와 그와 책을 같이 쓴 카네기멜론대학 심리·경제학자 조지 뢰벤슈타인의 실험에서 나온 것이다.[*] 그들은 남자 35명(실험 대상이 남자여야만 하는 이유가 있는데, 곧 밝혀질 것이다)에게 노트북으로 성적 자극을 불러일으키는 사진을 보여줬다. 관대한 독자들이 얼굴을 붉히지 않도록 자세한 묘사는 삼가겠지만, 엉덩이를 때리거나 신체를 결박하는 등의 사진이 포함되어 있었다고만 말해두겠다.

실험 참가자들은 먼저 강의실 같은 곳에서 연구자 앞에 앉아 냉정한 상태로 사진이 얼마나 마음에 들었는지 평가했다. 그런 다음 집에 돌아가 '혼자만의 시간'에 사진을 다시 평가했다. 냉정한 상태에서 판단했을 때의 평균 흥분도는 35퍼센트였다. 하지만 사적인 공간에서 들뜬 상태로 사진을 평가하자 그 수치가 52퍼센트로 치솟았다. 바뀐 감정 상태 때문에 자그마치 17퍼센트나 급등한 것이다!

---

[*] Dan Ariely & George Loewenstein, "The Heat of the Moment: The Effect of Sexual Arousal on Sexual Decision Making," 〈행동 의사결정 저널〉 19 (2006): 87-98.

📈 미루는 버릇의 위험성

·····························

공감 격차를 해소할 방법을 알아보기 전에 미루는 버릇의 위험성부터 살펴보자. 이는 끝내야 하는 일이 있다는 것을 알면서도 최대한 끝까지 미루려고 하는 지독한 욕구다.

당신이 10페이지 정도 되는 에세이 몇 편을 교정하는 일을 하게 되었다고 해보자. 이 작업을 하는 방법은 세 가지가 있다. 첫 번째는 스스로 마감일을 정하고 그에 맞춰 에세이를 한 편씩 보내는 것이다. 두 번째는 최종 마감일에 한꺼번에 다 보내는 것이고, 세 번째는 각 에세이마다 미리 정해져 있는 마감일을 따르는 것이다. 당신이라면 어떤 방법을 택하겠는가?

나를 비롯한 대부분의 사람들은 최종 마감일에 한꺼번에 제출하는 쪽을 택할 것이다. 자기 페이스대로 일한 뒤 원할 때 한꺼번에 제출하는 것이 합리적이라고 여기기 때문이다.

하지만 안타깝게도 이것은 뭐든 미루려고 하는 자신의 성향을 무시한 결정이다. 처음에는 매일 일을 균등하게 배분해서 하기로 마음먹지만, 꼭 중간에 불가피한 사정이 생겨서 계획이 엉망이 되고, 결국 마지막에 가서야 몰아서 하게 된다.

심리학자들의 연구에 따르면,* 일정한 간격을 두고 마감일을 정

---

* Dan Ariely & Klaus Wertenbroch, "Procrastination, Deadlines, and Performance: Self-Control by Precommitment," 〈심리학〉 13 (2002): 219-224.

하는 것이 가장 효과적이라고 한다. 이 실험을 진행한 연구진은 사람들을 무작위로 세 그룹으로 나눈 뒤, 위에 설명한 각각의 조건을 따르도록 했다. 일정한 간격으로 마감일을 정해둔 그룹은 실수가 많기는 했지만, 마감일을 어긴 사람은 거의 없었다. 마감일을 본인이 정한 그룹은 실수는 적었지만 마감 기일을 어긴 사람이 거의 두 배나 됐다. 그리고 실적이 가장 좋지 않았던 것은 최종 마감일까지 기다렸다가 교정지를 한꺼번에 제출한 그룹이었다. 이들은 다른 두 그룹보다 실수는 훨씬 적었지만, 일정한 간격으로 마감일을 정해둔 그룹보다 거의 세 배나 많은 사람이 날짜를 지키지 못했다. 이 실험은 공감 격차와 미루는 버릇이라는 행동상의 함정에 대항할 수 있는 무기를 제공하는데, 그것은 바로 '사전 조치'다.

📈 사전 조치의 중요성
·······························

그렇다면 투자자인 우리가 이런 감정적인 시간 여행의 함정에 빠지지 않으려면 어떻게 해야 할까? 손쉬운 방법은 미리 준비하고 사전 조치를 취하는 것이다. 투자자들은 일곱 개의 P를 따르는 방법을 배워야 한다. 즉 "완벽한 계획과 준비는 형편없는 실적을 방지한다 Perfect planning and preparation prevent piss poor performance"는 얘기다. 따라서 본인이 냉정하고 이성적인 상태이면서 시장에 별다른 일이 닥치지 않았을 때 투자 조사를 해야 한다. 그리고 자신의 분석에 따르겠다고 다짐하면서 다음 단계의 행동을 준비하는 것이다.

전설적인 투자가이자 뮤추얼펀드의 선구자인 존 템플턴 경은 이 과정과 관련한 완벽한 모범 사례를 제공한다. 그는 "비관론이 극에 달할 때가 최적의 매수 시점이고, 낙관론이 극에 달할 때가 최적의 매도 시점이다"라는 말을 한 것으로 유명하다. 이 말에 동의하지 않는 사람은 거의 없을 것이다. 그러나 "다들 낙담해서 팔기에 급급할" 때 대세를 거스르고 주식을 산다는 것은 어려운 일이다. 이런 어려움이 바로 공감 격차다.

템플턴 경의 종손녀인 로렌 C. 템플턴은《존 템플턴의 가치투자 전략Investing the Templeton Way》이라는 책에서, 그가 이 장애물을 극복하기 위해 사용한 전략을 소개한다.

급매물이 쏟아지는 상태에서 냉철한 상태를 유지하는 건 심리적으로 매우 힘든 일이다. 템플턴 경은 이런 상황에 대처하기 위해, 투매가 일어나기 훨씬 전에 구입할 주식을 미리 정해놓았다. 그는 템플턴 펀드를 운영하는 동안 경영실적은 괜찮지만 주가가 너무 비싼 회사들의 목록을 적은 '위시리스트'를 항상 가지고 있었다. …… 그리고 어떤 이유로든 시장에 급매물이 쏟아져서 그가 헐값이라고 생각하는 수준까지 가격이 내려가면, 주식 중개인에게 그 위시리스트의 주식을 계속 사들이라고 주문을 넣었다.

당신도 투자 전략을 세울 때는, 공감 격차가 발생할 때를 대비해 사전 조치를 취한 이 유명한 사례를 본받아야 한다. 템플턴 경도 시장 전체나 특정 주식이 40퍼센트씩 하락하는 상황에서는 실행할 수 있는 매수 원칙이 없다는 사실을 알고 있었다. 하지만 시장 가격보다 훨씬 낮은 가격으로 미리 매수 주문을 해두면, 투매 물량이 쏟아질 때 사들이기가 더 쉬워진다. 이는 투자할 때 상황에 휘둘리지 않고 감정을 배제할 수 있는 간단하지만 매우 효과적인 방법이다.

두려움을 느끼지 못하는 투자

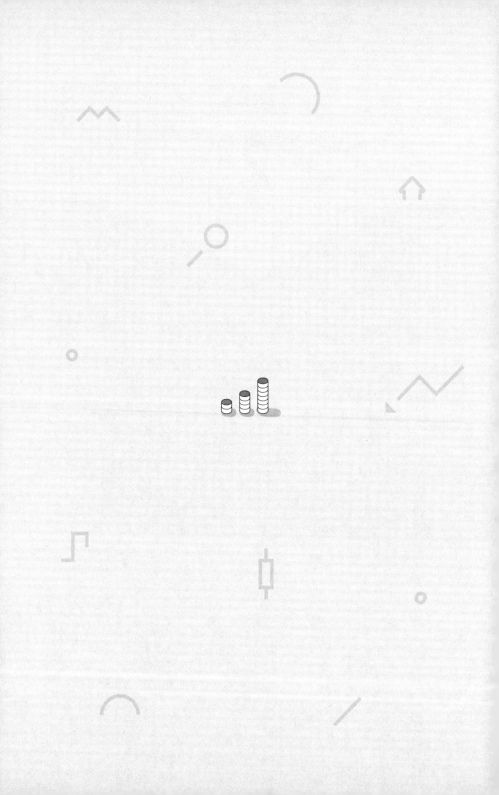

간단한 게임을 하나 해보자. 이 게임은 20라운드까지 진행되는데, 게임을 시작할 때 참가자에게 20달러를 나눠준다. 그리고 각 라운드가 시작될 때마다 투자를 하겠느냐고 묻는다. 투자할 경우, 한 게임당 투자금은 1달러다. 그런 다음 동전을 던진다. 앞면이 나오면 참가자는 2.5달러를 받지만 뒷면이 나오면 1달러를 잃게 된다.

이제 우리는 이 게임에 대해 두 가지 사실을 알고 있다. 무엇보다 확실한 첫 번째 사실은, 잃는 돈과 따는 돈이 비대칭적이기 때문에 우리 입장에서는 매 라운드 투자하는 게 가장 이득이라는 것이다. 즉 라운드마다 패했을 때 잃는 돈보다 이겼을 때 따는 돈이 더 많다. 한 라운드당 기대 가치가 1.25달러이므로 이 게임의 총 기대 가치는 25달러다. 사실상 총 수익이 20달러 미만이 될 가능성은 13퍼센트에 불과하다. 투자를 전혀 하지 않고 초기 자금을 그냥 가지고만 있어도 20달러가 되기 때문이다. 우리가 아는 두 번째 사실은 이전 라운드의 결과가 다음 라운드의 투자 결정에 영향을 미치지 않는다는 것이다. 동전은 이전에 어떤 결과가 나왔는지 기억하지 못하기 때문이다.

하지만 이 게임을 연구한 이들은 매우 특별한 점을 발견했다.* 그들은 참가자들을 세 그룹으로 나눠서 게임을 진행했다. 첫 번째 그룹은 모두 뇌의 특정 부위가 손상되어 두려움을 느끼지 못하는 이들

---

* B. Shiv, G. Loewenstein, A. Bechara, H. Damasio, A. Damasio, "Investment Behavior and the Negative Side of Emotion," 〈심리학(Psychological Science)〉 16 (2005): 435-439.

이었다. 두 번째 그룹은 당신이나 나처럼 표면적으로 뇌 손상의 징후가 전혀 없는 사람들이고, 세 번째 그룹은 두려움을 비롯한 모든 감정 처리와 무관한 부분에 뇌 손상을 입은 사람들이었다.

이들 중 누가 돈을 가장 많이 땄을까? 당연히 두려움을 느끼지 못하는 그룹이었다. 이들은 전체 라운드의 84퍼센트에 투자한 반면, 소위 정상 부류에 속하는 이들의 투자율은 58퍼센트였고 두려움과 관련이 없는 뇌 부위가 손상된 그룹의 투자율은 61퍼센트였다.

두려움을 느끼지 못하는 그룹은 특히 돈을 잃은 뒤에 그 진가를 발휘했다. 이들은 돈을 잃은 뒤에도 85퍼센트 이상의 투자율을 보였는데, 이는 다른 두 그룹과 뚜렷하게 대조되는 매우 적절한 행동이었다. 나머지 두 그룹은 1달러라도 잃으면 심한 고통과 두려움을 느꼈기 때문에, 돈을 잃은 뒤에는 투자율이 40퍼센트 이하로 떨어졌다.

당신은 이들이 실수에서 교훈을 얻어 다음 게임에서는 더 좋은 성과를 얻었을 것이라고 생각할지도 모른다. 하지만 안타깝게도 예상과 전혀 다른 결과가 나왔다. 전체 20라운드의 게임을 5라운드씩 네 번으로 나눠서 진행한 결과, 두려움을 느끼지 못하는 이들은 네 그룹에 모두 비슷한 비율로 투자했다. 하지만 일반인의 경우, 첫 번째 게임에는 약 70퍼센트를 투자했지만 마지막 네 번째 게임에서는 투자율이 50퍼센트 이하로 떨어졌다. 게임이 계속될수록 의사결정 능력이 저하된 것이다.

내가 왜 이런 얘기를 하는지 궁금할 것이다. 이는 투자자들이 약세장에서 보이는 행동과 비슷하다. 위의 이야기는 예전에 손해를 본 경험이 있으면 시장에서 헐값에 매입할 기회가 생겨도 두려움 때문에 그 기회를 무시한다는 사실을 보여준다. 이런 상황에 오래 처할수록 의사결정 능력은 더 떨어지기 마련이다.

물론 이 게임은 위험을 감수했을 때 좋은 결과가 나오도록 고안되었다. 만약 게임 상황을 역전시켜서 위험을 무릅썼을 때 좋지 않은 결과가 나오도록 한다면, 두려움을 느끼지 못하는 이들보다 일반인들이 더 좋은 성과를 올릴 것이다. 하지만 위에서 설명한 게임 방식은 미래에 수익률이 개선될 가능성이 있는 저평가 주식이 많은 하락 장세에 대한 좋은 비유다.

📈 자제력과 성과

최근 연구[*]에서도 위에 소개한 것과 동일한 게임을 진행했는데, 이번에는 X-시스템 사고에 의존하는 정도를 기준으로 사람들을 측정했다. (실험 형식에 관심이 있는 이들을 위해 설명하자면, 이 연구에서는 자체

---

[*] Bart De Langhe, Steven Sweldens, S. M. J. Van Osselaer, Mirjam A. Tuk, "The Emotional Information Processing System Is Risk-Averse: Ego-Depletion and Investment Behavior" (미발표 조사 보고서, 2008).

보고 방식을 사용했다. 1장에서 사용한 CRT 같은 임상적인 접근 방법이 아니라, "나는 행동을 취할 때 내 기분을 기준으로 삼는 편이다", "직감적인 인상에 의지한다", "나는 직관력이 부족한 편이다" 같은 문장 여덟 개에 얼마나 동의하는지 혹은 동의하지 않는지를 근거로 측정한 것이다.) 자제력 같은 정신적 자원 고갈이 문제라면, X-시스템에 많이 의존하는 이들은 자제력이 바닥났을 때 더 안 좋은 결정을 내리게 될 것이다. 다시 말해, 빠르고 간편한 사고 시스템(X-시스템 사고)을 이용하는 사람은 논리적 사고 시스템(C-시스템 사고)을 이용하는 사람보다 자제력이 빨리 고갈된다.

이를 위해 한 참가자 그룹은 스트룹 검사^{Stroop test}를 받았다. 스트룹 검사는 이름은 낯설지 몰라도 두뇌 훈련 게임을 좋아하는 이들은 알고 있을 것이다. 제시된 글자가 무슨 색으로 적혀 있는지 대답하는 검사다. 즉 '빨간색'이라는 단어가 파란색 잉크로 쓰여 있으면 정답은 파란색이다. 올바른 답을 하기 위해서는 집중력과 의지력이 필요하다.

사전 테스트(스트룹 검사를 하지 않고)로 게임을 진행했을 때는 X-시스템과 C-시스템에 의존하는 사람들이 모두 같은 방식으로 행동했다. 둘 다 70퍼센트 정도의 비율로 투자한 것이다(별로 좋은 결과는 아니다).

하지만 사람들이 두려움과 감정을 통제하지 못하는 상태가 되자 결과가 크게 달라졌다. C-시스템 의존도가 높은 사람은 78퍼센트의 비율로 투자해 좋은 성과를 냈다. 그러나 X-시스템 의존도가 높은 사람은 엄청난 난관에 부딪혔고 투자율은 거의 49퍼센트에 불과했다! 이는 의사결정을 방해하는 악마를 물리칠 때 자기 능력에만 의존하는 것이 얼마나 위험한지 보여주는 또 하나의 증거다.

📈 재투자를 위한 전투 계획

2009년 3월에 S&P500지수는 10년 만에 최저 수준으로 하락했고, 시장 수익률은 2007년 말의 최고점 대비 57퍼센트나 하락했다.

나는 시장이 거의 붕괴하는 듯한 이 상황을 지켜봤다. 하지만 투자자들의 예상을 뛰어넘을 만큼 비관적인 시나리오는 아닌 듯했다. 그리고 사실 당시 나는 상당히 흥분한 상태였다. 이는 내가 위기를 즐기는 병적인 변태라서가 아니라 시장 가격이 내려가고 있었기 때문이다. 2009년 3월 초에 〈마인드 매터스Mind Matters〉에도 썼지만, "가격이 저렴할 때 구입해야 한다. 안 그러면 언제 사겠는가?" 내가 기본적으로 주장하는 바는 매우 간단하다. 당시 시장은 우리가 20~30년간 경험하지 못한 가치 평가 수준까지 내려갔다. 물론 가치 평가가 주식 매입을 위한 안전장치는 아니고 저렴한 주식은 가격이 더 내려갈 수도 있지만, 그해 3월이 장기 투자자들에게 굉장히 좋은 매수 기회였던 건 확실하다.

이런 생각을 한 건 나뿐만이 아니었다. 미국의 자산운용사 GMO

의 수석 전략가인 제러미 그랜섬은 다음과 같은 글을 썼다.

위기가 최고조에 달하면 합리적이었던 사람들도 세계의 종말을 예고하기 시
작한다. 그들은 무시무시하고 정확한 데이터로 무장한 채 조심하라고 계속 경
고를 보낸다. 1974년에 경험한 것처럼, '말기의 마비 상태'가 오기 전까지는 모
든 하락장에서 현금이 빛을 발할 것이다. 과잉 투자를 한 이들은 신경쇠약에
시달리면서 가만히 앉아 기도만 할 것이다. 똑똑하고 돈 많은 소수의 사람들은
자신이 총명하다는 사실을 쉽게 부인하려 하지 않는다. 그래서 거의 모든 사람
이 자신의 관성이 콘크리트처럼 굳어지기 시작하는 모습을 지켜보면서 기다
리고만 있다. 하지만 늘 그렇듯이 현금을 움켜쥐고 있는 이들은 시장이 회복될
때 큰 기회를 놓친다.

말기 마비를 치료하는 방법은 하나뿐이다. 재투자를 위한 전투 계획을 세우고
흔들림 없이 추진하는 것이다. 어떻게든 마비된 상태를 극복해야 하기 때문에,
여러 개의 사소한 조치보다는 중요한 조치 몇 가지를 취하는 게 낫다. 낮은 곳
에서 거대한 발걸음을 한 번 떼는 것도 좋지만, 악마와 계약을 맺지 않은 이상
은 크게 몇 걸음 내딛는 편이 더 안전할 것이다.

완전한 투자를 위해서는 뭐가 필요한지 명확하게 정의하는 게 특히 중요하다.
유사한 프로그램 없이, 당신이 속한 위원회가 시장에 투자하도록 하기 위해서
는 위원회의(그리고 그 문제에 대해 자신의) 열정에 대비해야 한다. 그리고 사후
경직이 발생하기 전에 지금 당장 동의를 구해야 한다. …… 마지막으로, 시장
은 터널 끝에 빛이 보일 때 반등하는 게 아니다. 여전히 깜깜하지만 전날보다

알아볼 듯 말 듯 주위가 아주 조금 밝아졌을 때 반등한다.

세스 클라먼도 이렇게 말했다.

극심한 혼란 속에서 다급하게 투매가 발생하면 매도자들이 합리적인 판단에 따라 행동할 가능성이 거의 없다. 지나고 보면 투자 결정을 할 때 펀더멘털이 전혀 영향을 미치지 않았다는 사실이 분명하게 드러난다. ······ 항상 바닥을 칠 때까지 기다렸다가 최적의 매매 시점을 맞춰야 한다고 생각하지만(마치 언제쯤 바닥을 칠지 확실하게 아는 것처럼), 그런 전략에는 심각한 결함이 있다는 사실이 밝혀졌다. 역사적으로 볼 때, 바닥에서 소규모 거래가 이루어지면서 반등이 시작된다. 그러다가 시장이 안정돼서 경기가 회복되기 시작하면 다른 구매자들과의 경쟁이 훨씬 치열해진다. 게다가 바닥에서 회복될 때는 주가가 매우 빠른 속도로 오른다. 그러므로 투자자는 상황이 좋아지기 전에 더 악화할 수 있다는 것을 인식하면서, 고통스러운 하락장에서도 투자할 수 있어야 한다.

그랜섬과 클라먼의 적절한 조언은 1장에서 얘기한 사전 조치의 힘을 보여주는 또 다른 예이다. '재투자를 위한 전투 계획'은 우리가 겪는 공감 격차를 모두 인정하고 두려움으로 인한 말기 마비 현상을 해소하기 위한 사전 조치다.

몇 년 전, 낯선 지방으로 여행을 갔다가 현지인에게 길을 물은 적이 있다. 그러자 그는 "나 같으면 여기서 출발하지 않을 겁니다!"라는 별로 도움이 안 되는 대답만 남기고 떠났다. 하지만 투자의 경우에는 출발점에서 실제로 변화를 일으킬 수 있다. 클라먼은 다음과 같은 말을 덧붙였다. "항상 합리적인 사고를 유지하기 위한 전략이 하나 있다면 바로 잘못된 결정을 내리게 하는 극단적인 스트레스를 피하는 것이다. 좋은 투자 기회가 없을 때는 현금을 쥐고 있겠다는 의지, 명확한 매도 원칙, 확실한 위험 회피, 상환 레버리지 회피 등 우리는 이를 위해 사용할 수 있는 방법을 자주 설명한다". 클라먼은 상황이 안 좋을 때 잘못된 결정을 내리도록 만드는 근원을 없앰으로써, 공감 격차와 두려움으로 인해 무리한 결정을 내리는 일을 줄이기 위해 노력한다. 그의 사례에서 교훈을 얻어, 당신의 포트폴리오에서도 무리한 투자 결정을 내리게 하는 요인들을 제거하기 바란다.

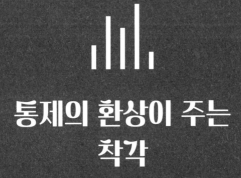

CHAPTER

3

통제의 환상이 주는
착각

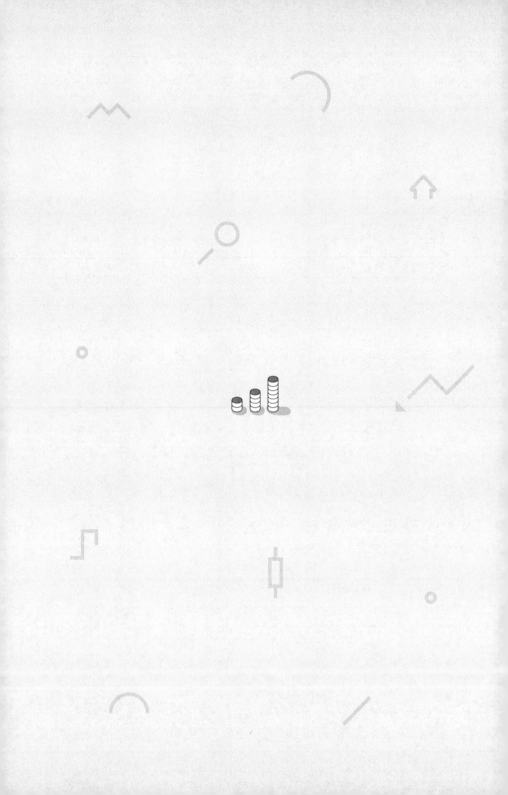

다음의 세 가지 질문에 답해보자. 서문에 나온 것처럼 까다로운 질문은 아니니까 걱정할 필요 없다.

1. 자신의 운전 실력이 평균 이상이라고 생각하는가?
2. 직장에서 평균 이상으로 일을 잘한다고 생각하는가?
3. 성적인 능력도 평균 이상인가?

당신도 다른 사람들과 비슷하다면 이 세 가지 질문에 전부 그렇다고 답했을 것이다. 실제로 강연 중에 이 질문을 던지면서 손을 들어보라고 하면, 3번 질문에 양손을 다 드는 남자가 한 명씩은 꼭 있다(이런 것을 극단적인 과신이라고 하는데, 이 얘기는 다음 장에서 하도록 하자).

낙관론은 인간 정신에 내재한 특성인 모양이다. 영국의 6인조 코미디언 그룹 몬티 파이튼이 제작한 영화 〈라이프 오브 브라이언Life of Brian〉이 끝날 때쯤, 십자가에 매달린 이들이 "항상 밝은 면을 보라"고 노래하기 시작하는데, 대다수의 사람들은 이런 세계관에 동의하는 듯하다.

전문 펀드매니저 600명에게, 자기가 직장에서 평균 이상의 성과를 올린다고 생각하는지 물어봤더니 74퍼센트가 그렇다고 대답했다. 사실 그들 가운데 상당수는 "다른 사람들도 다 그렇다고 생각하겠지만, 난 정말 능력 있는 사람이다!"라는 코멘트까지 남겼다. 이는 애널리스트의 경우도 마찬가지로, 이들 가운데 약 70퍼센트는 자신의 수익 예측 능력이 동료들보다 뛰어나다고 생각한다. 하지만 바로 이 사람들 중 91퍼센트는 2008년 2월에 주식을 매수하거나 계속 보유하라고 추천했다. 이런 특성은 투자업계에서만 나타나는 게 아니다. 학생들을 가르칠 때 보면, 전체 학생의 80퍼센트가 자기 성적이 상위 50퍼센트 안에 들 것이라고 믿는다.

자신의 능력을 과대평가하는 이런 경향은 통제의 환상 때문에 더 증폭된다. 우리는 자기가 결과에 영향을 미칠 수 있다고 생각하며, 좀 이상한 부분에서도 통제에 대한 환상을 갖는다. 예를 들어, 사람들은 번호가 무작위로 정해져 있는 복권보다 자기가 직접 번호를 고를 수 있는 복권을 4배 더 많이 산다. 자신이 직접 번호를 고르면 당첨될 확률이 높아지기라도 하는 것처럼 말이다.

또 동전 던지기처럼 임의적인 것까지 통제할 수 있다고 착각하기도 한다. 예를 들어, 30번의 동전 던지기 결과를 예측하게 한 뒤 누구나 절반은 맞히도록 상황을 조작해놓으면, 초반에 잘 맞힌 사람은 초반에 부진했던 사람보다 본인의 예측력이 뛰어나다고 착각한다.

사실 통제의 환상은 선택권이 많을 때나 동전 던지기 같은 게임에서 초반에 성공을 거뒀을 때, 익숙한 일을 할 때, 정보가 많을 때, 개인적으로 관계있는 일을 할 때 가장 많이 발생하는 것 같다. 이는 우리가 투자할 때 경험하는 상황과 매우 흡사하다.

∕✔ 낙관론과 X-시스템
....

앞서 말했듯이, 인지 반응 테스트에서 세 가지 문제를 다 맞혔다고 해도 여전히 여러 가지 편향을 겪을 가능성이 있다. 지나친 낙관주의는 인지 능력을 떨어뜨리는 편향 중 하나다.

낙관주의는 정보를 처리하는 X-시스템에 기본적으로 내재한 상태인 듯하다. 우리는 시간 압박을 느낄 때 X-시스템을 사용할 가능성이 크다는 사실을 알고 있다. 따라서 낙관주의가 정말 X-시스템의 일부라면, 시간에 쫓길수록 낙관적인 태도를 보여야 한다.

그래서 심리학자들이 실험을 해봤다.* 실험 참가자들을 컴퓨터 화면 앞에 앉히고 앞으로 겪을 법한 일과 관련된 문장을 보여줬다. 그들은 그 문장이 자신에게 해당하는 내용인지 판단한 후 "그렇다" 혹은 "아니다"라고 쓰여 있는 키를 눌렀다. 그리고 참가자들은 이런 사건이 일반인에게 얼마나 자주 발생했는지에 대해서도 답했다. 문장이 화면에 표시되는 시간은 1초 혹은 10초이고, 긍정적인 사건 여섯 개와 부정적 사건 여섯 개를 제시했다.

문장 내용을 확인한 실험 참가자들은, 자기 인생에서 긍정적인 사건은 네 개 정도 일어날 수 있지만 부정적인 사건은 2.7개만 일어

---

* Heather C. Lench & Peter H. Ditto, "Automatic Optimism: Biased Use of Base Rate Information for Positive and Negative Events," 〈실험적 사회심리학 저널(Journal of Experimental Social Psychology)〉 44(2008): 631-639.

날 것이라고 답했다. 그런데 답변하는 시간을 짧게 주자, 긍정적인 사건은 4.75개로 증가하고 부정적인 사건은 2.4개로 떨어졌다. 이런 패턴은 낙관주의가 인간의 기본 반응이라는 생각과 일치한다.

신경과학자들의 최근 연구에서도 낙관주의가 인간의 뿌리 깊은 본성이라는 추가적인 증거가 나왔다.[*] 그들은 인간의 뇌를 스캔하면서 과거와 미래의 좋은 사건과 나쁜 사건을 모두 떠올려보라고 했다. 긍정적인 미래 사건을 상상할 때는 부정적인 사건을 상상할 때에 비해 문측전두대상피질과 편도체라는 뇌의 핵심 영역 두 곳의 활동이 증가했다. 이 두 부분은 모두 감정 처리와 관련이 있으며 일반적으로 X-시스템의 신경 회로와 연결되어 있다.

📈 타고난 천성 vs. 후천적 환경

사실 낙관주의는 타고난 천성과 후천적인 환경 양쪽 모두에서 그 근원을 찾을 수 있다. 그럼 천성부터 살펴보자. 오늘날 우리가 지닌 많은 편향은 몇 가지 진화상의 이점을 가지고 있다. 물론 진화의 부산물에 대한 미국의 진화생물학자 스티븐 제이 굴드의 표현을 빌리자면 그중 일부는 스팬드럴spandrel(건축물의 아치와 돔 사이에 생긴 삼각형

---

[*] Tali Sharot, A. M. Riccardi, C. M. Raio, E. A. Phelps, "Neural Mechanisms Mediating Optimism Bias," 〈네이처(Nature)〉 450 (2009): 102-105.

면으로 건축 과정의 부산물이다. 굴드는 생명체의 많은 형질이 스팬드럴처럼 진화의 부산물에 지나지 않는다고 주장했다-옮긴이)일 수도 있지만.

낙관주의는 인류의 진화에 어떤 역할을 했을까? 라이오넬 타이거는《낙관주의: 희망의 생물학 Optimism: The Biology of Hope》이란 책에서, 숲을 떠나 사냥꾼이 된 초기 인류는 부상과 죽음으로 많은 고통을 겪었다고 주장했다. 인간은 부정적인 결과와 관련된 일은 포기하는 경향이 있기 때문에, 생물학적으로 낙천적인 감각을 발달시키는 쪽으로 적응했다는 것이다. 선사시대의 인류가 마스토돈(몸집이 매우 큰 선사시대의 코끼리 같은 생물)과 대결하려면 많은 용기가 필요했을 테지만, 비관적인 사람은 그런 대결을 할 엄두조차 내지 않았을 것이다.

타이거는 또 우리가 다치면 몸에서 엔도르핀이 나온다고 말한다. 엔도르핀은 진통제 같은 성질이 있어서 일반적으로 통증을 완화하고 행복감을 느끼게 하는 두 가지 효능을 가지고 있다. 타이거는 우리 선조들이 다쳤을 때 부정적인 감정 대신 긍정적인 감정을 경험해야만 앞으로도 계속 사냥을 하겠다는 마음이 생길 것이기 때문에 생물학적으로 이렇게 적응했다고 말한다.

낙관주의에는 다른 이점도 있다. 심리학자들은 질병이나 다른 끔찍한 문제를 겪을 때 낙관주의자가 비관주의자보다 훨씬 잘 이겨낸다는 것을 알아냈다.* 따라서 낙관주의는 훌륭한 삶의 전략이 될 수

---

* S. E. Taylor & J. Brown, "Illusion and Well-Being: A Social Psychological Perspective on Mental Health,"〈심리학 회보(Psychological Bulletin)〉103 (1988): 193-210.

있다. 하지만 좋은 투자 전략은 아니다.

지나친 낙관주의의 위험을 잘 알고 있었던 벤 그레이엄은 이렇게 말했다.

> 오랜 관찰을 통해, 경기가 좋을 때 질이 안 좋은 주식을 산 투자자가 손해를 가장 많이 본다는 사실이 밝혀졌다. 구매자들은 지금 수익이 좋은 것을 '수익력'과 동일하게 생각하고, 호황을 안전과 동의어라고 여긴다.

천성 얘기는 이쯤 해두자. 후천적인 환경 역시 장밋빛 인생관을 만드는 데 도움을 준다. 심리학자들은 자기 이익에 유리한 방향으로 행동하는 경향인 '이기적 편향'에 대해 자주 언급한다. 하지만 워런 버핏의 경고처럼, "이발사에게 지금 이발을 해야겠냐고 물어보면 절대 안 된다".

회계 감사관은 이기적 편향을 잘 보여주는 집단이다. 전문 감사관 139명에게 다섯 건의 감사 사례를 검토해달라고 했다.[*] 그 사례에는 무형자산 인식, 수익 인식, 지출 자본화 대 지출 비용화 등 회계상으로 논란이 많은 다양한 측면이 포함되어 있었다. 감사관들에게는 그 사례들이 서로 별개라고 말했다.

---

[*] Don A. Moore, George Loewenstrin, Lloyd Tanyu, Max H. Bazerman, "Auditor Independence, Conflict of Interest and Unconscious Intrusion of Bias" (미발표 논문, 2004).

감사관들은 기업을 위해 일하거나 해당 기업에 대한 투자를 고려 중인 외부 투자자를 위해서 일하도록 임의로 배정되었다. 실험 결과, 기업을 위해 일한 감사관은 외부 투자자를 위해 일한 이들에 비해 여러 가지 의심스러운 회계 처리를 눈감아줄 가능성이 31퍼센트나 높았다. 공정한 외부인이라고 보기 힘들게 만드는 너무 큰 차이다. 게다가 이때는 미국 에너지 회사인 엔론이 대형 분식회계 사건을 일으킨 이후였는데도 이렇게 행동한 것이다!

투자 분야에서도 이런 이기적 편향이 주기적으로 모습을 드러낸다. 예를 들어, 주식 중개인들은 일반적으로 다음과 같은 세 가지 이기적 편향 규칙을 따른다.

규칙 1: 모든 뉴스는 좋은 뉴스다(나쁜 뉴스가 있어도 앞으로 상황이 좋아질 수 있다).

규칙 2: 모든 주식이 항상 싸다고 믿는다(지금껏 존재하지 않았던 새로운 가치 평가 방법을 동원하는 한이 있어도).

규칙 3: 억지가 증거를 이긴다(사실 관계가 좋은 이야기에 방해가 되지 않도록 한다).

이런 규칙이 월스트리트와 관련된 연구의 많은 부분에 적용된다는 사실을 기억하면, 이기적 편향에 희생되는 것을 막을 수 있다.

가장 최근의 금융 위기는 금융권에서 나타나는 여러 가지 이기적 편향의 예를 많이 보여줬는데, 그중 가장 터무니없는 것은 신용평가사의 행동이다. 그들은 자신들의 이익을 위해서라면 위증도 서슴지 않는다. 그런 조직의 내부에서는 이해 충돌이 발생한다. 위에서 얘기한 회계 감사관들의 경우처럼, 신용평가사도 기업에서 돈을 받고 평가를 해주는 것이기 때문에 돈을 준 회사에 유리한 평가를 할 수밖에 없다. 서브프라임 모기지 사태 당시에도 이들은 대충만 검토해봐도 위험하다는 사실이 드러나는 심각한 결함이 있는 퀀트 모델을 채택했다. 이 모델을 사용하자 수많은 불량 등급 대출이 갑자기 연금술이라도 부린 것처럼 AAA 등급으로 탈바꿈했다.

📈 지나친 낙관주의를 경계하라

지나친 낙관주의에 빠지지 않으려면 어떻게 해야 할까? 비판적으로 생각하고 더 회의적으로 대응하는 법을 배워야 한다. "이걸 믿을 수 있을까?"보다는 "이걸 꼭 믿어야 하나?"라고 묻는 데 익숙해져야 한다. 철학자 조지 산타야나는 "회의론은 지성인의 순결과도 같으므로, 너무 빨리 혹은 처음 보는 사람에게 내주는 건 수치스러운 일"이라고 말했다. 이 말은 우리 인생에 대해서는 물론이고 투자를 할 때도 진리다.

최고의 투자자들은 우리와는 매우 다른 근본적인 질문을 던진다. 대부분 집중적인 포트폴리오를 운영하는 이런 투자자들은 "왜 이 주식을 꼭 보유해야 하는가?"라는 기본적인 질문의 답을 생각해본다. 그에 반해 추적 오차나 경력 관리에만 집착하는 펀드매니저가 던지는 기본 질문은 "왜 이 주식을 소유하면 안 되는가?"이다. 이런 기본 질문의 미묘한 차이가 성과에 엄청난 영향을 미칠 수 있다.

글로벌 투자 포트폴리오를 관리하는 펀드 회사인 제너럴 아메리칸 인베스터의 사장 스펜서 데이비드슨은 이렇게 회상했다. "대공황 때 이 일을 시작한 내 예전 멘토는 우리가 '거절하는 사업'에 종사한다고 말하곤 했다. 우리는 냉소적인 태도를 취하는 대가로 돈을 벌고 있으며, 투자에 성공하려면 거절하는 방법을 아는 게 매우 중요하다고 했다".

과도한 낙관주의에 대한 얘기를 끝내기 전에 한 가지만 더 생각해보자. 세상을 있는 그대로 바라보는 집단이 있는데, 바로 우울증을 앓는 사람들로 이 점은 주목할 만한 가치가 있다. 그들은 자신의 능력에 대해 어떤 환상도 품지 않는다. 이런 현실적인 관점 때문에 우울감을 느끼는 것이다.

예를 들어, 스위치를 누르면 75퍼센트의 경우에 불이 들어오고, 누르지 않았을 때도 75퍼센트의 경우에 불이 들어오는 방에 있으면, 대부분의 사람들은 자기가 불빛을 잘 통제할 수 있다고 말한다. 하지만 우울증이 있는 사람은 자신은 빛을 통제하지 못한다고 말한다.*

  이 사례는 투자자들에게 우울해하면서 세상을 있는 그대로 바라
볼 것인지 아니면 행복하다는 착각에 빠져 살 것인지, 피할 수 없는
선택을 하도록 만든다. 개인적으로는 직장에서는 우울한 상태로 있
고 집에 돌아가면 행복하다는 착각에 빠져 사는 게 가장 좋은 해결
책이라고 생각한다(어쨌든 나한테는 효과적인 방법이다!).

---

* L. B. Alloy & L. Y. Abramson, "Judgments of Contingency in Depressed and Non-
   Depressed Students: Sadder but Wiser?," 〈실험심리학 저널(Journal of Experimental
   Psychology)〉 108 (1979): 441-485.

전문가의 실력과
자신감을 구분할 것

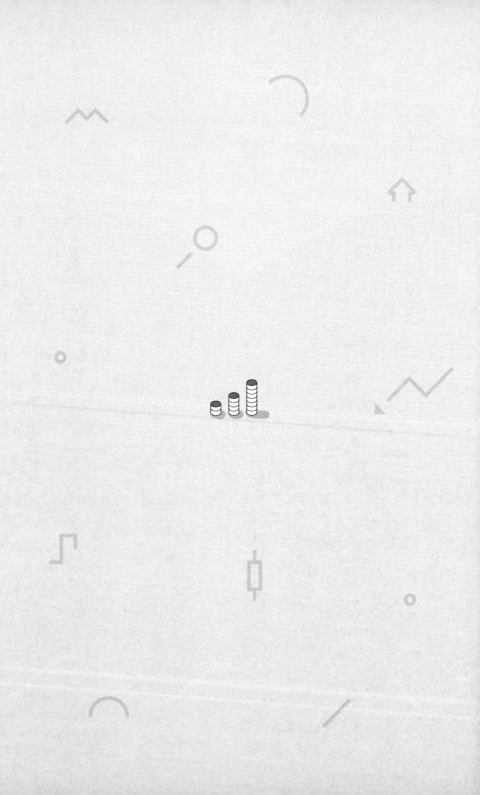

자, 다시 퀴즈 시간이 돌아왔다.

이번에는 질문이 10개다. 각 문제에 대해 최고치와 최저치를 추정해서 답하면 된다. 자기가 제시한 최고 추정치와 최저 추정치가 실제 답과 비슷할 것이라고 90퍼센트 확신해야 한다. (정답은 73페이지에 있다.)

	90% 신뢰 구간	
	최저	최고
마틴 루터 킹의 사망 당시 나이		
나일강의 길이(킬로미터)		
OPEC 소속 국가 수		
구약성경의 경전 수		
달의 직경(킬로미터)		
텅 빈 보잉 747기의 무게(톤)		
모차르트의 탄생 연도		
아시아 코끼리의 임신 기간(일)		
런던에서 도쿄까지의 항공 거리(킬로미터)		
바다에서 가장 깊다고 알려진 지점의 깊이(킬로미터)		

당신이 대부분의 사람들과 비슷하다면, 어림짐작해서 말한 답 가운데 4~7개 정도는 틀린 답일 것이다. 그 이유는 우리가 자기 능력을 너무 과신하기 때문이다. 하지만 더 충격적인 사실 혹은 투자 포트폴리오에 더 해로운 사실은 전문가가 우리보다 답을 틀릴 확률이 훨씬 높다는 것이다!

심리학에서 가장 많은 지지를 받는 연구 결과 중 하나는 전문가들은 일반인보다 스스로를 과신하는 경우가 많다는 것이다. 내 말이 믿기지 않는다면, 기상캐스터와 의사를 예로 들어보자. 이들에게는 각자 본인의 직무와 관련된 정보가 주어졌다. 기상캐스터에게는 날씨 패턴을 알려준 뒤 날씨를 예측하도록 하고, 의사에게는 진단 사례를 주면서 환자를 진단하게 했다. 그리고 본인의 예측에 얼마나 자신이 있는지 물어봤다.

뜻밖에도 기상캐스터들은 놀라울 정도로 자신의 능력을 잘 예상했다. 절반 정도 맞힐 것이라고 생각했고, 실제로도 절반 정도 맞혔다. 하지만 의사들의 답변은 많은 사람을 두렵게 했다. 자기 진단이 90퍼센트는 맞을 것이라고 자신했지만, 실제로 맞힌 건 15퍼센트에 불과했다.

두 집단의 예측에 이렇게 큰 차이가 생기는 이유는 뭘까? 아마 그중 하나는 각 집단이 받는 피드백의 범위가 다르기 때문일 것이다. 기상캐스터들은 날씨를 정확하게 예측하는 게 불가능하다는 것을 알기 때문에 신뢰 구간을 광범위하게 설정한다. 예를 들어, 영국의 일기예보는 이런 식으로 진행된다. "맑은 날씨가 이어질 가능성은 적고, 소나기가 내릴 확률이 높으며, 고지대에는 눈이 조금 내릴 가능성도 있고, 해협에는 태풍이 올 수도 있습니다". 이처럼 기상캐스터들은 모든 가능성에 효과적으로 대처한다. 또 이들은 바깥을 살짝 내다보고 자기 예보가 대충이라도 맞았는지 확인할 수 있다.

이와 달리, 의사들은 좋은 피드백을 받지 못하는 경향이 있다. 게

다가 인간에게는 자신감을 실력으로 착각하는 나쁜 버릇이 있다. 당신이 병원에 가서 "심한 발진이 생겼어요"라고 말하면 의사는 이렇게 대답할 것이다. "걱정 마세요. 그게 뭔지 내가 정확히 아니까요. 이 약을 드시면 일주일 안에 괜찮아질 겁니다". 그러면 당신은 안심하고 집으로 돌아올 수 있다.

하지만 의사가 이렇게 말한다면 어떨까? 당신이 "심한 발진이 생겼어요"라고 하니까 "맙소사, 정말 끔찍하군요. 이런 건 본 적도 없네요. 다른 사람한테서 옮은 건가요? 이 약을 드시고 일주일 뒤에도 살아있으면 다시 오세요"라고 한다면? 이런 말을 들으면 절대 마음이 놓이지 않을 것이다.

📈 자신만만한 전문가의 조언은 언제나 옳다?

우리는 사람들이 자신 있게 말하길 바란다. 아니, 사실 자신 있게 말하는 사람을 좋아한다. 심리학자들은 우리가 자신 있는 사람을 선호하고 심지어 자신만만한(하지만 부정확한) 조언자에게 더 많은 돈을 지불할 의향이 있다는 것을 알아냈다.* 아마 그래서 사람들이 짐 크

---

* P. C. Price & E. R. Stone, "Intuitive Evaluation of Likelihood Judgment Producers: Evidence for a Confidence Heuristic," 〈행동 의사결정 저널(Journal of Behavioral Decision Making)〉 17 (2004): 39-57.

레이머(CNBC의 투자 프로그램 〈매드 머니Mad Money〉의 진행자-옮긴이)의 말을 듣나 보다!

　한 실험에서 참가자들에게 사진 속 인물의 체중을 정확하게 맞히면 현금을 주겠다고 했다.* 참가자는 라운드마다 조언자 네 명 중 한 명에게 조언을 구할 수 있었다. 그리고 이 조언자들이 얼마나 자신만만한지 미리 살펴볼 수 있게 해줬다. 그러자 처음부터 자신만만한 조언자는 조언을 위해 더 많은 참가자들을 찾았다. 게임이 진행될수록 조언자들이 점점 더 정확한 답을 말하게 되자 앞에서 얘기한 이기적 편향이 추악한 머리를 치켜들었다. 하지만 이런 효과는 순전히 시장 기능 때문인 듯하다. 참가자가 특정 조언자의 말을 따를지 말지를 선택해야 하는 상황이 되자, 정확도가 상승하는 효과가 사라졌다.

　이 경우 답을 맞히는 사람이 지나치게 자신만만한 조언자는 피하리라고 생각할 것이다. 다행히 게임이 진행될수록 앞서 틀린 답변을 한 조언자는 선택하지 않는 경향이 나타났다. 하지만 안타깝게도 이런 분별력보다 자신감에 대한 편향이 훨씬 더 강했다. 틀리더라도 아주 자신 있게 말하면 형편없는 기록도 용서되었다. 이것이 바로 자신감의 힘이다.

　우리는 자신 있게 말하는 전문가를 좋아할 뿐만 아니라, 누군가

＊　J. R. Radzevick & D. A. Moore, "Competing to Be Certain (but Wrong): Social Pressure and Overprecision in Judgment" (조사 보고서, 2009).

가 전문가라는 말을 들으면 뇌에 있는 자연적인 방어 기능의 일부를 꺼버린다. 신경과학자들은 이런 사실을 확인하기 위해, 투자 결정을 내리는 모의실험을 진행하면서 참가자들의 뇌 활동을 MRI로 촬영했다.*

참가자들은 라운드마다 아무런 위험이 없이 확정된 보수를 받는 것과 위험을 무릅쓰고 복권 추첨을 시도하는 것 중 하나를 선택해야 했다. 일부 라운드에서는 '경제 전문가'에게 어느 쪽이 더 현명한 선택이 될지와 관련해 조언을 받기도 했다.

결과는 우려스러웠다. 전문가의 조언은 가치 평가나 확률 가중치와 관련된 두뇌 영역의 활동을 약화했다. 다시 말해 전문가의 조언을 들은 후 참가자의 두뇌는 투자 결정을 내리는 데 필요한 과정을 제대로 밟지 않은 것이다. 참가자의 행동은 전문가의 조언에 그대로 반응하는 메아리에 불과했다. 그러나 실험에서 전문가가 해준 조언은 차선책이었다. 참가자 본인이 심사숙고해서 결정을 내렸다면 더 좋은 결과를 얻을 수 있었다는 얘기다. 그러니 전문가를 조심하자!

---

* J. B. Engelmann, C. M. Capra, C. Noussair, G. S. Berns, "Expert Financial Advice Neurobiologically 'Offloads' Financial Decision-Making under Risk" (2009): PLoS ONE 4(3): 4957. doi:10.1371/journal.pone.0004957.

📈 권위에 대한 복종의 결과

전문가를 특히 경계해야 하는 이유가 하나 더 있으니, 바로 그들이 권위자라는 것이다. 우리는 전문가라는 이유만으로 그들을 해당 분야의 권위자로 인정하는데, 안타깝게도 우리에게는 맹목적으로 권위를 따르는 경향이 있다.

오랫동안 내 책상 옆에는 "권위자에게 물어보지 말자. 그들도 답을 모르는 건 마찬가지다!"라는 문구가 붙어 있었다. 이는 내가 평소에 권위를 무시한다는 사실을 알려주지만, 나처럼 권위자를 싫어하는 이들이 많은 것 같지는 않다.

권위에 복종하는 심리에 관한 대표적인 연구로는 1960년대에 진행된 스탠리 밀그램의 실험이 있다. 밀그램은 제2차 세계대전 때 왜 그렇게 많은 이들이 독재자들의 혐오스러운 정책을 따랐는지 의문을 품었다.

밀그램은 권위에 대한 맹목적인 복종을 설명하기 위해 간단하지만 놀랍도록 효과적인 실험을 고안했다. 실험 참가자들에게는 하려는 실험이 처벌이 학습과 기억력에 미치는 효과를 알아보기 위한 것이라고 설명했다. 그래서 이들은 '교사'의 지시에 따라 '학습자'에게 전기 충격을 가해야 했다.

참가자들은 전기 스위치가 달린 박스 앞에 앉았다. 스위치에는 전압의 강도에 따라 '약함'부터 '매우 강한 충격', '위험: 극심한 충격',

그리고 최고 수준인 '×××'에 이르기까지 통증 수준에 대한 경고 문구가 붙어 있었다. 스위치를 누르면 윙윙거리는 소리가 났다. 교사 역할을 맡은 사람은 흰색 실험복을 입고 클립보드를 들고 다니면서 실험 참가자들에게 언제 버튼을 눌러야 하는지 지시했다.

고전적인 방식으로 이 실험을 했을 때는 참가자들이 자기가 전기 충격을 주는 사람의 모습을 볼 수 없고(실험을 시작할 때 만나기는 했지만) 소리만 들을 수 있었다. 75볼트에서는 학습자가 끙끙거리며 앓는 소리를 냈고, 120볼트에서는 불평을 늘어놓으면서 자기는 심장병 환자라고 경고했고, 150볼트에서는 제발 풀어달라고 애원했다. 전압을 285볼트까지 높이자 학습자는 밀그램이 '고통스러운 비명'이라고 묘사한 소리를 냈다. 그리고 더 강한 충격을 주자 이번에는 아무 소리도 들리지 않았다.

이 실험에 대한 설명을 들은 사람들은 실험 참가자들이 초반에 포기할 것이라고 생각했다. 실제로 밀그램이 정신과 의사 40명에게 물어봤을 때도, 최고 수준의 충격을 가하는 사람은 전체의 1퍼센트 정도밖에 안 될 것이라고들 말했다. 평범한 미국인이라면 그런 잔인한 행동을 하지 않을 것이라고 여긴 것이다.

하지만 정신과 의사들은 믿기 힘든 현실에 직면했다. 평범한 미국인 참가자 전원이 모르는 사람에게 135볼트(학습자가 풀어달라고 애원한 수준)까지 전기 충격을 가했다. 80퍼센트는 기꺼이 285볼트까지 전압을 올렸다(이들은 고통스러운 비명소리를 들었음에도 멈추지 않았다). 그리고 실험 참가자의 62퍼센트 이상은 심각한 위험과 '×××'라는 경고 문구에도 불구하고 최대 전압인 450볼트까지 올렸다.

밀그램은 사람들이 권위에 복종하도록 영향을 미치는 조건이 무엇인지 알아내기 위해 이 실험을 다양하게 변형해서 진행했다. 명령에 따르는 비율이 제일 높았을 때는 참가자들이 직접 전기 충격을 가하지 않고 대신 실험자와 공모한 다른 이들이 제2의 참가자로 동원됐을 때였다. 진짜 참가자들은 학습자에게 질문을 읽어주는 역할을 맡았다. 이들도 언제라도 실험에 반대하거나, 실험실에서 나가거나, 다른 이들이 전기 충격을 가하는 것을 막을 수 있었다. 하지만 놀랍게도 자그마치 93퍼센트나 되는 사람들이 자리에 앉아 다른 사람이 최고 전압의 버튼을 누르는 모습을 지켜봤다. 이 실험을 통해, 직접 실행하지 않고 어느 정도 거리를 두면 권위에 대한 복종 수준이 현저하게 높아진다는 사실을 알 수 있다.

밀그램의 충격적인 실험은 우리가 얼마나 권위에 맹목적으로 복종하는지 잘 보여준다. 따라서 투자할 때도 전문가와 그들의 권위에 훨씬 회의적인 태도를 취할 필요가 있다.

📈 펀드매니저는 기상캐스터인가, 의사인가?

이제 우리의 양 같은 천성 때문에 생긴 우울한 현실을 충분히 살

퍼봤으니 다시 펀드매니저에게로 관심을 돌려보자. 당신은 펀드매니저가 기상캐스터와 비슷하다고 생각하고 싶겠지만, 안타깝게도 지금까지의 증거만 보면 이들보다는 차라리 의사들이 자기가 하는 일에 대해 더 잘 아는 것 같다.

한 연구에서 전문 투자자들이 심리학과 학생들과 대결을 벌였다.* 참가자들은 두 개의 주식 중에서 매달 실적이 더 높을 것 같은 주식을 골라야 했다. 두 회사 다 유명한 우량주였고, 참가자들에게는 회사 이름과 업종, 이전 12개월 동안의 실적 정보를 알려줬다.

전체적으로 볼 때, 학생들 가운데 59퍼센트와 전문가의 65퍼센트가 자신의 주식 선택 기술에 자신감을 보였다. 하지만 안타깝게도 이들 중 어느 한쪽의 말을 듣느니 차라리 동전을 던지는 편이 나을 것이다. 왜냐하면 제대로 된 주식을 선택한 사람이 학생 쪽은 49퍼센트, 전문가 쪽은 40퍼센트밖에 되지 않았기 때문이다. 전문가가 자기 선택에 100퍼센트 자신이 있다고 말하는 것은 곧 그 주식이 괜찮은 주식이라는 데 추호의 의심도 없다는 뜻이다. 하지만 이렇게 말한 이들이 실제로 실적이 좋은 주식을 고른 경우는 12퍼센트도 되지 않았다!

왜 이렇게 형편없는 결과가 나온 것일까? 실험 참가자들에게 결

---

* G. Torngren & H. Montgomery, "Worse Than Chance? Performance and Confidence among Professionals and Laypeople in the Stock Market," 〈행동경제학 저널(Journal of Behavioral Finance)〉 5 (2004): 3.

정을 내릴 때 의지한 요소들의 순위를 매겨달라고 했다. 예상대로 학생들은 주로 추측에 의지했다고 말했다. 전문가들의 결정에 가장 큰 영향을 미친 건 '주변 지식'이었다. 그들은 여기저기서 주워들은 주변 지식 때문에 자기가 해당 주식에 대해 잘 안다고 생각했다. 이는 지식에 대한 착각이 과신을 유발한다는 사실을 보여주는 좋은 예다(5장에서 자세히 설명하겠다).

📈 시장에서 지나친 자신감은 금물

시장에서 지나친 자신감을 발휘하면 어떤 일이 벌어질까? 물론 전통 경제학에서는 이렇게 과신하는 사람은 없다고 말한다. 또 극단적인 형태의 효율적 시장 이론에 따르면 사실 주식시장은 존재할 수 없다. 왜일까? 효율적인 시장에서는 주가가 적정한 경우 거래를 원하는 사람이 없어서 거래량이 0이 되기 때문이다.

그러나 이 모델 중 하나에 과잉 자신감이 더해지면 물량과 회전율이 폭발적으로 증가한다. 다들 자기가 남들보다 많이 안다는 자신감이 있기 때문에 거래량이 늘어나는 것이다. 캘리포니아대학의 테리 오딘과 브래드 바버는 지나친 자신감이 성과에 미치는 영향을 연

투자하는 마음

구했다.*

이들은 1991년부터 1996년까지 할인증권회사에 개설된 계좌 6만 6,000개를 조사했다. 이 기간 동안 시장은 연 18퍼센트를 약간 밑도는 수익률을 기록했다. 가장 거래량이 많은 개인(월 회전율 21.5퍼센트)의 평균 순이익(수수료를 제한 후의 수익)은 연 12퍼센트 미만이었다. 반면 회전율이 가장 낮은 사람은 수수료를 제하고도 1년에 거의 18퍼센트의 수익을 올렸다. 투자 정보를 많이 알아도 회전율이 높으면 그에 따르는 거래 비용 때문에 투자 효과가 감소한다.

심리학 연구를 통해 다른 어떤 집단보다 과잉 낙관주의와 과잉 자신감이 넘치는 집단이 있다는 사실이 밝혀졌는데, (남자인 나로서는 안타까운 일이지만) 그것은 바로 남자들이다. 테리와 브래드는 주식 거래를 할 때도 이런 성향이 드러나는지 알아봤고** 그 결과 이는 사실로 밝혀졌다. 여성의 연간 회전율은 53퍼센트로 남성의 77퍼센트에 비해 현저히 낮았다. 덕분에 여성의 순이익률이 남성보다 높았다.

테리와 브래드는 여기서 멈추지 않고, 거래할 때 배우자의 허락을 받아야 하는 계좌 소유주들의 실적도 조사했다. 조사 결과, 거래를 위해 아내의 허락을 받아야 하는 남성은 미혼 남성보다 좋은 성

---

* Terrance Odean & Brad Barber, "Trading Is Hazardous to Your Wealth: The Common Stock Investment Performance of Individual Investors," 〈재무학 저널(Journal of Finance)〉 LV (2000): 773-806.

** Brad Barber & Terrance Odean, "Boys Will Be Boys: Gender, Overconfidence, and Common Stock Investment," 〈계간 경제학 저널(Quarterly Journal of Economics)〉 116 (2001): 261-292.

과를 거뒀다. 하지만 안타깝게도 남편의 허락이 필요한 여성들은 미혼 여성보다 성과가 저조했다. 남성은 본인의 거래 실적만 나쁜 게 아니라 남들에게도 나쁜 영향을 미치는 것이다.

　이런 조사 결과를 전문가들에게 보여주자, 그들은 개인 투자자의 불행을 조롱하며 즐거워했다. 하지만 그들도 과도한 자신감의 악영향에서 예외일 수는 없다. 전문가들이 드러내는 과도한 자신감의 가장 뚜렷한 예는 자기가 다른 사람들보다 한 수 위라는 일반적인 믿음이다. 자기는 다른 이들보다 먼저 시장에 진입했다가 모두 떼 지어 출구로 몰리기 전에 빠져나올 수 있다는 것인데 이는 새로운 현상은 아니다. 위대한 존 메이너드 케인스는 1936년에 이런 글을 썼다.

　전문적인 투자는 참가자들이 100장의 아름다운 여성 사진을 보고 그중 가장 아름다운 여성 여섯 명을 골라야 하는 신문사 주최 미인대회와 비슷하다고 할 수 있다. 신문사에서는 모든 사람이 가장 예쁘다고 생각한 미인의 사진을 고른 독자에게 상을 준다. 따라서 독자들은 자기가 가장 예쁘다고 생각하는 사람이 아니라, 자기와 같은 관점에서 사진을 바라보는 이들이 가장 마음에 들어 할 만한 사람을 골라야 한다. 이는 자기가 판단하기에 가장 예쁜 사람을 고르는 것도 아니고, 평균적인 사람들이 가장 예쁘다고 생각할 만한 사람을 고르는 것도 아니다. 평균적인 의견이, 어떤 것이 평균적인 의견이 될 것이라고 예상할지 고민해야 하는 3단계에 이른 것이다. 아마 4단계, 5단계까지 생각하는 사람도 있을 것이다.

| 그림 4.1 | 케인스의 미인대회: 전문가 결과

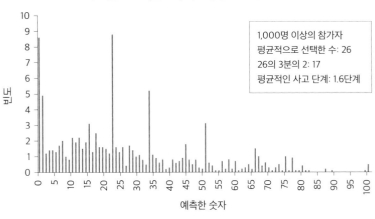

1,000명 이상의 참가자
평균적으로 선택한 수: 26
26의 3분의 2: 17
평균적인 사고 단계: 1.6단계

출처: GMO

이 게임은 사람들이 0에서 100 사이의 숫자를 고르도록 하는 것으로 손쉽게 재현할 수 있다. 참가자 전체가 뽑은 숫자 평균의 3분의 2에 가장 가까운 숫자를 고르는 사람이 승자가 된다. 그림 4.1은 내가 진행한 게임 중 가장 규모가 큰 게임의 결과를 보여준다. 다른 게임을 다 합쳐도 세 번째로 큰 규모이며, 순수하게 전문 투자자들만 참여한 유일한 게임이다.

가장 가능성이 높은 답은 67이다. 답이 67이 되려면 우주에 존재하는 다른 멍청이들이 모두 100을 고를 것이라고 믿어야 한다. 67보다 큰 숫자를 고른 사람도 많았는데 이는 매우 걱정스러운 일이다.

기네와는 다르게 생각한다는 것을 깨달았다. 그래서 비합리성의 규모를 추정해보려고 했지만, 결국 지식의 저주(정답을 알고 있으면 계속 거기에 집착하는 경향)에 시달리게 된다. 이 게임에서 사람들이 평균적으로 선택한 숫자는 26이었고, 그 3분의 2는 17이다. 하지만 1,000명이 넘는 사람들 가운데 17을 고른 사람은 단 세 명뿐이다.

나도 이 게임을 한다. 다른 이들보다 딱 한 걸음 앞서서 시장에 진입하고 먼저 빠져나오는 게 얼마나 힘든지 설명하기 위해서다. 그런데도 많은 투자자들은 여전히 자기가 속한 집단에서 가장 똑똑한 사람이 되려고 애쓴다.

다른 사람들보다 한 수 앞설 수 없다면 어떻게 투자하는 게 좋을까? 좋은 소식은 굳이 다른 사람들보다 한 수 앞설 필요가 없다는 것이다. 자신의 투자 원칙을 고수하고, 다른 사람의 행동에 신경 쓰지 말고, 전문가라는 이들의 말에 귀 기울이지 말라.

그러니 다음번에 또 재정 전문가라는 사람이 뭐라고 떠들기 시작하면, 귀를 막고 혼자 콧노래를 불러라!

퀴즈 정답 | 39세 / 6,738킬로미터 / 13개국 / 39권 / 3,476킬로미터 / 177톤 / 1756년 / 645일 / 9,590킬로미터 / 11킬로미터

5

지식을 가진 사람은
예언하지 않는다

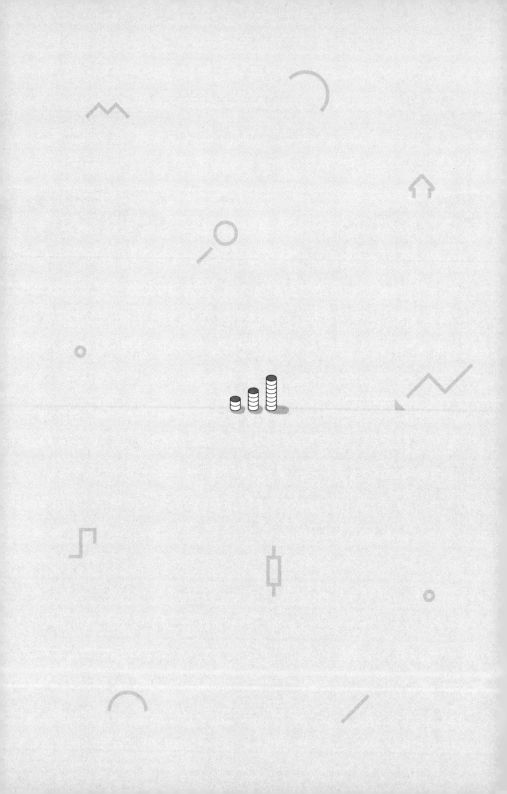

기원전 6세기에 활약한 시인이자 철학자인 노자는 "지식을 가진 사람은 예언하지 않는다. 예언하는 사람은 지식인이 아니다"라고 말했다. 하지만 투자업계 사람들은 대부분 미래를 예측하는 데 집착하는 듯하다. 다들 투자할 때는 그렇게 해야 한다고 배웠기 때문이다. 일례로 우리가 선호하는 기업 가치 평가 방법인 현금 흐름 할인법은 미래의 확실한 현금 흐름을 예측한 뒤 그것을 다시 현재 가치로 할인하는 것이라고 배운다.

하지만 버크셔 해서웨이의 공동 대표 찰리 멍거는 이렇게 지적했다. "내가 본 최악의 사업 결정은 미래의 예측을 현재 가치로 할인한 뒤 이를 토대로 내린 결정이다. 정밀한 수학을 이용하면 도움이 될 것 같지만 사실 그렇지 않다. 경영대학원에서 그런 것을 가르치는 이유는 거기서도 뭔가를 가르치긴 해야 하기 때문이다".

금융계의 예언자가 되기 위한 이런 노력은 이전 장에서 살펴본 행동 함정인 과신 때문에 대부분 실패로 끝난다.

다음과 같은 과정에 따라 투자를 한다고 가정해보자. 경제 상황을 예측하고, 금리 방향을 예상한 다음, 그런 상황에서 잘될 만한 분야를 가늠하고, 마지막으로 그 분야에서 어떤 종목이 잘 나갈지를 짐작한다.

당신이 예측한 내용이 70퍼센트 정도 맞았다고 하자. 이는 일반적인 적중률을 크게 웃도는 수준이다. 네 가지 예측이 모두 정확해야 하는 경우, 실제로 그것이 맞을 확률은 24퍼센트에 불과하다. (각 예측을 독립적인 사건으로 가정할 경우의 얘기다.) 이제 애널리스트가 일반적으로 사용하는 모형에 포함된 예측 수(판매량, 비용, 마진, 세금 등)를 생각해보자. 이 사람들이 절대로 앞일을 맞힐 수 없는 것은 어찌 보면 당연한 일이다. 설령 기적이 일어나서 정확하게 예측하더라도, 그 예측이 사람들의 일치된 의견과 달라야만 돈을 벌 수 있다. 이로 인해 완전히 새로운 차원의 복잡성이 추가된다.

예측이 엉터리라는 증거는 넘쳐날 정도로 많기 때문에 이 책 지면을 다 할애해도 모자랄 정도다. 그러니 이 문제의 요점만 정확하게 파악할 수 있도록 몇 가지 사실과 수치를 살펴보자.

경제학자들부터 시작해보자. 이 사람들은 앞으로 어떤 일이 벌어질지 감도 못 잡는다. 솔직히 말해, 경제학자들의 거시적 예측보다 차라리 눈먼 쥐들에 대한 신뢰도가 더 높을 정도다. 경제학자들의 일치된 의견은 최근에 있었던 네 차례의 경기 침체를 한 번도 맞히지 못했다(이미 경기 후퇴가 시작된 뒤에도).

이는 애널리스트들도 마찬가지다. 장단기 사안에 대한 그들의 예측 기록은 처참한 수준이다. 애널리스트들에게 2년 후의 회사 수익을 예측하게 하자, 자그마치 94퍼센트가 빗나가는 충격적인 결과가 나왔다. 12개월 뒤의 수익 예측도 45퍼센트나 틀렸다! 한마디로 말해 애널리스트들은 미래 수익에 대해 아는 게 하나도 없었다.

장기적인 미래를 점치는 실력도 단기 예측 능력에 비해 나을 게 전혀 없다. 애널리스트의 5년 성장률 전망치를 실제 결과와 비교해

보면 우울한 실상을 바로 알 수 있다. 애널리스트들이 가장 빨리 성장할 것이라고 예상한 주식은 가장 느리게 성장할 것으로 예상한 주식과 큰 차이가 없었다! 따라서 그들이 가장 빨리 성장할 것이라고 예측한 주식을 사는 건 엄청난 실망을 감수하겠다는 서류에 서명하는 것이나 마찬가지다. 현재로서는 애널리스트들이 장기적인 성장 예측 방법을 전혀 모른다고 말해도 무방할 것이다.

애널리스트들은 목표 가격과 관련해서도 당혹스러운 기록을 가지고 있다. 벤 그레이엄의 말처럼, "주가 예측은 적절한 증권 분석 방법이 아니다". 하지만 이 말도 애널리스트들이 미래 주가를 터무니없이 예측하는 것을 막지는 못한다. 평균적으로 그들의 목표 가격은 현재 가격보다 25퍼센트 정도 높다. 하지만 그 예측은 아무 쓸모도 없다. 예를 들어, 2000년도의 평균 목표 가격은 연초 시장 가격보다 약 37퍼센트 높았다. 하지만 실제로는 16퍼센트 증가하는 데 그쳤다. 2008년에 애널리스트들은 주가가 24퍼센트 오를 것으로 예상했지만 실제로는 40퍼센트 가까이 하락했다. 사실 이들은 2000년부터 2008년까지 9년 중 4년 동안 가격이 오를지 내릴지조차 제대로 파악하지 못했다.

예측 실패에 대해 간략하게 살펴보고 얻은 결론은, 미래를 예측하는 능력이 부족한 우리가 예측을 기반으로 투자 결정을 하는 건 완전히 미친 짓이라는 것이다. 케인스에게 미래를 예측해달라고 하자, "그건 알 수 없죠"라고 대답했다는 것을 기억하자.

CHAPTER 5. 지식을 가진 사람은 예언하지 않는다

📈 쓸모없는 예측을 계속하는 이유
....

실력이 이렇게 나쁜데 왜 사람들은 예측을 계속할까? 이유 중 하나는 예측을 원하는 이들이 있기 때문이다. 아무리 무의미한 정보라도 투자자들이 원한다면 누군가는 제공할 것이다. 나는 수년간 애널리스트나 그들의 상사와 함께 목표 가격 발표의 무의미함에 대해 많은 토론을 벌였다. 그들의 마지막 변명은 항상 "고객이 그걸 원한다"는 것이다.

예측 전문가들도 그렇게 매번 틀리다 보면 싫증이 나서 미래 예측을 포기하고 싶지는 않을까 궁금할 것이다. 하지만 전문가들은 여러 가지 이유를 들어 예측 실패에 대해 변명하면서, 자기가 틀렸다는 사실을 인정하지 않는다.

필립 테틀록은 예측자와 그들의 정확성, 변명에 대한 포괄적인 연구를 진행했다. 10년간 다양한 국제 정치 사건에 대한 전문가들의 견해를 연구한 그는, 광범위한 예측에 대해 자기가 80퍼센트 이상 맞힐 것이라고 자신한 전문가들이 실제로는 45퍼센트 정도만 맞혔다는 것을 알아냈다.* 전문가들의 예측 실력은 결국 동전 던지기보다 나을 게 없었다.

---

* Philip Tetlock, "Theory-Driven Reasoning about Plausible Pasts and Probable Futures in World Politics,"《추단과 편향(Heuristics and Biases: The Psychology of Intuitive Judgement)》, T. Gilovich, D. Griffen, D. Kahneman 편집 (Cambridge University Press, 2003).

사건이 발생하면 예측이 맞았는지 아닌지 드러난다. 테틀록은 전문가들에게 다시 연락해서, 해당 사건의 배경이 되는 과정과 거기 작용한 힘을 얼마나 잘 이해하고 있었는지 재평가해달라고 요청했다. 그런데 전문가들은 자기 예측이 틀렸다는 확실한 증거가 있는데도 불구하고, 자기가 예측한 상황에 대한 믿음을 바꾸려고 하지 않았다.

테틀록은 전문가들이 예측이 틀렸을 때 자기 성찰을 하는 대신 자주 사용하는 변명 다섯 가지를 정리했다(이것을 보니 '경제학자란 어제 예측했던 일이 오늘 일어나지 않은 이유를 내일 알게 될 것이라고 말하는 전문가다'라는 말이 떠오른다).

가장 흔한 변명은 이런 것들이다.

1. "~했더라면" 변명 - 연방준비제도 이사회가 금리를 인상했다면 그 예측이 맞았을 것이다. 전문가는 사람들이 자기 조언을 따랐다면 자기 말이 맞았을 것이라고 주장한다.
2. "다른 조건이 달라지지 않았다면" 변명 - 분석할 때 사용한 모델 범위에서 벗어난 일이 발생하는 바람에 예측이 무효가 되었다. 따라서 그건 내 잘못이 아니다.
3. "내가 거의 옳았다"는 변명 - 예상한 결과가 나오지는 않았지만 거의 비슷했다.
4. "아직 일어나지 않았다"는 변명 - 내가 틀린 게 아니라 그 일이

아직 일어나지 않은 것뿐이다. 이것은 개인적으로 내가 가장 좋아하는 변명이다.

5. "단일 예측" 변명 - 단 한 번의 예측 결과만으로 나를 판단해서는 안 된다.

예측에 실패한 전문가들은 이런 변명을 늘어놓으면서 자기 잘못을 인정하지 않고 형편없는 예측을 계속한다.

위의 변명 리스트는 매우 다른 분야(정치)에서 나온 것이지만 투자 분야에서도 빈번하게 들을 수 있다. 심리학자 두 명이* 금융 애널리스트(앞에서 보았듯이 지나치게 자신만만한)와 기상캐스터(자신의 한계를 잘 아는)가 예측이 틀렸을 때 뭐라고 변명했는지 살펴봤다. 기상캐스터의 해명은 마음이 누그러질 정도로 솔직했다. 그들이 가장 자주 거론한 실패 이유는 "개인적인 경험 부족"이었고, 그 다음으로는 본질적으로 예측하기 어려운 것을 예측하려 했다는 사실을 인정했다.

그런데 금융 애널리스트들은 매우 다른 변명을 했다. 그들이 가장 많이 하는 변명은 틀린 예측 하나만 가지고 자기를 판단하면 안 된다는 단일 예측 변명이고, 그다음으로 많았던 것은 자기가 사용한 모델 범위 밖에서 문제가 발생했다는 변명이었다. 다음에 전문가가

---

* T. Tyska & P. Zielonka, "Expert Judgments: Financial Analysts versus Weather Forecasters," 〈심리학과 금융시장 저널(Journal of Psychology and Financial Markets)〉 3 (2002): 152-160.

자신의 예측이 틀린 이유를 설명하는 것을 들어보면, 앞에서 예로 든 시시한 변명임을 알 수 있을 것이다. 하지만 그런 변명에 귀 기울이느니 차라리 도망치는 편이 낫다.

📈 엉터리 예언과 추종자들

지금까지 사람들이 쓸모없는 예측을 계속하는 이유를 알아봤다. 그러나 아직 중요한 질문이 하나 더 남아 있다. 왜 사람들은 이런 엉터리 예언을 맹목적으로 따르는 것일까?

앞에서 얘기한 것처럼, 예측은 투자에 도움이 된다. 이런 견해는 칼럼니스트 조 노세라가 2005년 10월 1일자 〈뉴욕타임스〉에 쓴 기사에서도 찾아볼 수 있는데, 그 내용은 이렇다.

> 나는 예측이 시장에 미치는 영향은 중력이 지구에 미치는 영향과 같다고 생각하게 되었다. 우리는 잘못된 예측을 비웃지만 그것 없이는 살 수가 없다. 시스코에 대한 애널리스트들의 의견에 동의하지 않더라도, 그들의 의견은 시스코가 과대평가되었는지 아니면 과소평가되었는지 판단할 수 있는 근거를 제공한다. 예측이 없으면 시장이 기준으로 삼을 만한 게 아무것도 없을 것이다.

이제 우리가 투자할 때 예측이 꼭 필요한지 의심해보자. 노세라는 사람들이 계속해서 예측을 참고하는 이유를 이렇게 말한다. 어떤 숫자가 제시되면 우리는 무의식적으로도 거기에 집착하는 경향이 있는데, 이런 특성을 '앵커링anchoring'이라고 한다.

일례로 펀드매니저 600명에게 자기 전화번호의 마지막 네 자리를 적으라고 한 뒤 런던에서 일하는 의사 수를 추정해보게 했다. 그러자 이상하게도 7,000번대 이상의 전화번호를 가진 사람은 런던에 의사가 8,000명 정도 있을 것이라고 생각하는 반면, 3,000번대 이하의 전화번호를 가진 사람은 런던에서 일하는 의사가 4,000명 정도일 것이라고 여겼다. 런던에 의사가 몇 명이나 있는지는 확실히 모르겠지만, 그 숫자가 내 전화번호와 아무런 상관도 없다는 사실은 알고 있을 텐데 말이다!

또 다른 사례는 판사가 징역형을 선고할 때 아무 관련도 없는 앵커링의 영향을 받는다는 사실(그 정보가 무관하다는 것을 알면서도)을 보여준다.*

한 연구에서, 실험 참가자(판사)에게 주사위를 굴려서 피고의 형량을 결정하게 했다. 판사에게 주어진 주사위 두 개는 작은 숫자(1, 2)나 큰 숫자(3, 6)가 나오도록 되어 있었는데 주사위를 굴려서 나온 두 숫자의 합은 검사의 요구를 대변하는 것이었다. 판사가 직접 주

---

* B. Englich, T. Mussweiler, F. Strack, "Playing Dice with Criminal Sentences: The Influence of Irrelevant Anchors on Experts' Judicial Decision Making," 〈성격 및 사회 심리학 회보〉 32 (2006): 188-200.

사위를 굴렸기 때문에 이 숫자가 실제 구형량과는 전혀 상관이 없다는 것을 잘 알고 있었다. 그런데도 주사위 숫자가 3이 나온 그룹에게는 평균 5.3개월의 형을 선고하고, 9가 나온 그룹에게는 평균 7.8개월의 형을 선고했다! 이를 통해 엉터리 예측을 제공해도 사람들이 거기에 집착할 가능성이 있음을 알 수 있다.

이와는 별도로, 이 문제가 소위 현대식 리스크 관리에 야기하는 위험을 생각해보자. 투자자에게 발생 가능한 최대 손실액 같은 기준을 알려주면, 그 기준에 심각한 문제가 있다는 것을 알아도 거기에 매달리기 시작한다. 하지만 해당 주제는 이 책에서 다루는 범위에서 벗어난다. 현대식 리스크 관리의 광기에 대해 자세히 알고 싶으면, 내가 쓴 《100% 가치투자^{Value Investing}》를 참고하기 바란다.

📈 예측이 아닌 분석으로

예측에 의존해서 투자 결정을 내려선 안 된다면, 어떻게 해야 할까? 벤 그레이엄이 지적했듯이, "분석이 예언이 되어서는 안 된다". 애널리스트는 예언가가 아니라 분석가라고 불린다. 투자자는 알 수 없는 미래를 예측하는 데 시간을 낭비하지 말고 사업의 특성과 본질적인 가치를 이해하는 데 전념해야 한다.

많은 투자자들이 다양한 방식으로 예측 문제에 접근해왔다. 기업 가치를 평가할 때 현금 흐름 할인 모형을 이용할 경우, 그 과정을 뒤집으면 이익을 얻을 수 있다. 미래를 예측하려고 하지 말고, 현재의 시장 가격을 토대 삼아 그것이 미래 성장에 의미하는 바를 다시 생각해보는 게 어떨까. 이런 내재 성장률이 모든 기업이 목표 달성을 위해 장기적으로 관리해야 하는 성장률 분포와 일치할 수 있다. 다른 회사들이 달성한 성장률 한도에 도달한 회사 주식에 대해서는 투자를 매우 신중하게 고려해야 한다.

예를 들어, 나는 2008년 1월에 방금 말한 역설계 DCF 모델을 실행했는데 그 결과 구글, 애플, RIMM 등이 모두 향후 10년 동안 매년 40퍼센트씩 주가가 오르면서 성장할 것이라는 결과가 나왔다. 그런데 이 기업들이 장기간에 걸쳐 달성한 10년 성장률 분포와 비교해보았더니 개중 가장 뛰어난 기업(99.99백분위수)도 10년 동안 연평균 22퍼센트 성장에 그친 것으로 나타났다. 그런데 시장은 이 회사들이 지금껏 존재한 그 어떤 회사보다 좋은 성과를 올려서, 이전 기록의 두 배에 달하는 성장을 이룰 것이라고 예측한 것이다. 나는 이것이 매우 가능성 없는 예측이라고 생각했다. 그리고 실제로 이 세 회사는 2008년에 각각 53퍼센트, 52퍼센트, 65퍼센트씩 주가가 하락했다.

이런 접근 방식은 외부 관점(통계적 증거)의 힘을 이용해서 내부의 시각(우리의 개인적인 의견)을 상쇄시킨다. 행동경제학의 선구자인 대니얼 카너먼은 내면의 관점이 어떤 힘을 발휘하는지 보여주는 놀라운 이야기를 들려준다. 그와 동료들은 고등학생들에게 판단과 의사

결정을 가르치기 위한 새로운 교과 과정을 개발했다. 1년 뒤, 이들은 교과서에 실을 단원 몇 개를 쓰고 시범 강좌를 위한 개요를 작성했다. 그런데 프로젝트를 끝내기까지 시간이 얼마나 걸릴지 궁금해졌다. 카너먼은 참가자들에게 완료 시간을 추정해달라고 요청한 뒤 그 결과의 평균을 구했다. 대부분 2년 정도를 예상했고, 모든 추정치가 18개월에서 30개월 사이에 걸쳐 있었다.

카너먼은 이런 활동을 많이 해본 동료에게, 과거 경험을 바탕으로 볼 때 시간이 얼마나 걸릴 것 같으냐고 물었다. 경험 많은 동료의 말에 따르면, 비슷한 프로젝트를 진행한 그룹의 40퍼센트는 그 일을 끝내지 못했고 7년 안에 프로젝트를 완료한 그룹도 없다고 했다. 이것이 바로 외부 관점의 힘이다. 이를 제대로 활용하면 증거를 바탕으로 기본적인 가능성을 평가할 수 있다.

컬럼비아대학 경영대학원 교수 브루스 그린왈드는 이를 대신할 방법을 개발했다. 브루스의 접근 방식은 자산 가치(기업이 파산한다고 가정했을 때의 그 기업 가치를 살펴보는 벤 그레이엄과 유사한 개념)를 정규화된 수익 척도인 수익 가치와 비교하는 것이다. 그런 다음 경쟁 환경에서의 기업 가치 차이를 평가해 미래 수익률과 내재가치를 측정한다. 이 책에서는 더 깊이 파고들기 힘들지만, 관심 있는 독자들은 그린왈드의 책을 꼭 읽어보기 바란다.*

---

* Bruce Greenwald, J. Kahn, P. Sonkin, M. Van Biema, 《가치투자(Value Investing: From Graham to Buffett and Beyond)》(New York: John Wiley & Sons, 2001).

내가 공감하는 마지막 방법은 오크트리캐피털의 회장 하워드 막스가 잘 설명해준다. 그는 "예측할 수는 없어도 준비할 수는 있다"라고 간단명료하게 말했다. 막스도 나처럼 예측하는 것에 회의적이다. 그는 2001년 11월에 오크트리 고객들에게 보낸 메모에 다음과 같이 썼다.

내가 무시하는 것도 몇 가지 있고, 철저하게 믿는 것도 몇 가지 있다. 경제 예측도 전자에 포함되는데, 나는 이것이 시장에 가치를 더한다고는 생각하지 않는다. 그리고 후자 중에서 가장 중요한 건 경기 순환과 그에 대한 대비의 필요성이다.

당신은 "이는 모순되는 얘기다. 경기 순환에 대비하는 가장 좋은 방법은 그것을 예측하는 것인데, 당신은 예측이 불가능하다고 말했잖는가"라고 항의할지도 모른다. 이는 틀림없는 사실이지만, 그렇다고 내 주장을 약화하는 것은 아니다. 모든 투자는 미래와 연관되어 있는데, 우리는 미래에 어떤 일이 생길지 모른다. 이런 예측력의 한계를 인정하고 그에 따라 행동한다면 실패하지는 않을 것이다.

미래에 대처할 때의 핵심은 자기가 어디로 향하는지는 정확히 몰라도 지금 있는 위치만큼은 확실하게 아는 것이다. 지금이 경기순환 주기 중 어느 단계이고 그러한 사실이 미래에 무엇을 의미하는지 아는 것은 경기순환의 시기와 규모, 형태를 예측하는 것과는 다른 문제다. 이는 어떤 사람이 과체중인지 저체중인지 판단하기 위해 그 사람의 정확한 체중을 알 필요는 없다는 벤 그레이엄의 말과 일맥상통한다.

위의 세 가지 방법은 예측과는 다르다. 그러나 투자에 유용하다는 사실은 입증되었다. 물론 금융권에서 일하거나 금융과 투자를 가르치는 사람의 80퍼센트는 이런 접근법을 싫어할 것이다.

미래를 아는 척하지 않으면서 투자할 경우 매우 다른 관점이 생기고, 시간 낭비에 불과한 예측을 거부하면 정말 중요한 일에 집중할 수 있는 시간이 확보될 것이다. 그러니 이런 행동의 함정을 극복하고자 할 때는 케인스의 말을 기억하자. "나는 정확하게 틀리기보다는 대략적으로라도 맞히고 싶다".

소소익선일 때도 있다

조건상 67 이상의 숫자는 나올 수가 없기 때문이다.

그림 4.1에는 막대그래프가 유독 튀어나온 부분들이 있는데 이는 다양한 사고 수준을 반영한다. 50에서 그래프가 급상승한 건 우리가 (무례하게도) '생각 없는 사람들'이라고 부르는 이들 때문이다. 그들은 미국의 텔레비전 시리즈 애니메이션 〈심슨 가족〉에 나오는 멍청한 주인공 호머 심슨과 비슷한 수준의 투자가로, '0과 100 사이라고? 그럼 50이네'라고 단순하게 생각한 것이다. 엄청난 인지적 노력을 기울인 흔적이 전혀 없다!

다른 사람들이 다 호머 심슨 같을 것이라고 예상하는 이들 때문에 숫자 33도 급상승했다. 또 22도 급상승했는데, 이는 다른 이들이 모두 33을 선택했을 것이라고 생각한 사람들 때문이다. 보다시피 0에서도 그래프가 치솟았다. 0을 선택한 이들은 주로 경제학자, 게임이론가, 수학자들인데 이들에겐 친구가 없는 게 분명하다. 이 사람들은 이런 문제를 반대로 푸는 방법을 배웠다. 그리고 실제로 안정된 '내시 균형Nash equilibrium(각 경기자가 상대방의 행동에 대응하여 자신에게 가장 유리한 전략을 선택함으로써 이루어지는 균형-옮긴이)'에 따르면 답은 0이다(0의 3분의 2는 0이므로). 하지만 이는 다른 사람들이 모두 0을 선택했을 때만 '정답'이 된다.

마지막으로 눈에 띄는 막대그래프는 1이다. 이들은 실수로 저녁 식사 모임에 초대를 받은 경제학자들이다(경제학자를 두 번 초대하는 사람은 없다). 그들은 세상 사람들과 접촉했고, 그 결과 다른 이들은 자

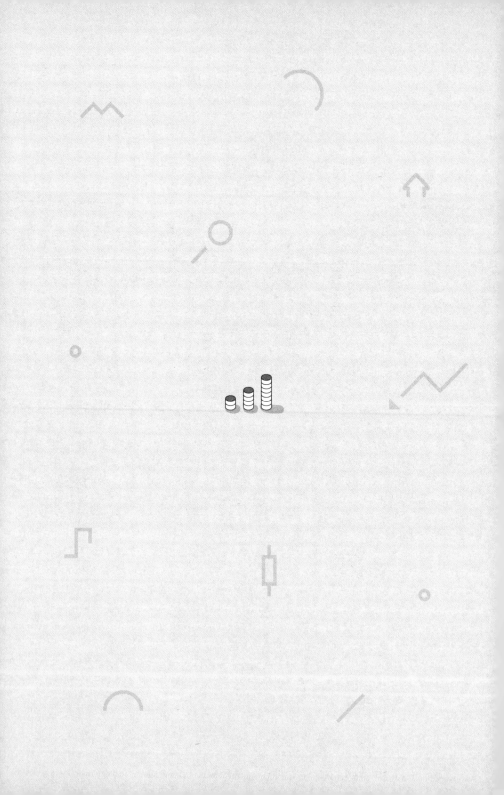

투자할 때는 다들 정보에 중독된 것처럼 보인다. 투자업계 전체가 갈수록 사소한 일을 많이 알아내는 데 집착하는 탓에, 결국 무의미한 정보만 잔뜩 쌓이게 된다. 그러나 결정을 내리기 위해 실제로 알아야 하는 정보가 얼마나 되는지 곰곰이 생각해보는 경우는 드물다. 역사가 대니얼 부어스틴의 말처럼, "발견의 가장 큰 장애물은 무지가 아니라, 알고 있다는 착각이다".

정보가 많을수록 좋다는 생각은 옳은 것처럼 보인다. 결국 아무 소용도 없는 정보는 무시해버리면 그만이니까. 그러나 심리학 연구는 이런 악의 없어 보이는 믿음이 과연 온당한 것인지 의문을 제기한다.

📈 정말 정보가 많을수록 좋은가?

한 연구에서* 경험 많은 마권업자 여덟 명에게 경주마의 과거 성적표에서 찾아낸 88개의 변수 목록을 보여줬다(예: 말이 등에 짊어지고 달리는 무게, 경주 우승 횟수, 다양한 조건에서 거둔 성적 등). 그런 다음 마권업자들에게 중요도에 따라 이런 정보의 순위를 매겨달라고 요청했다.

그리고 이 작업을 마친 마권업자들에게 과거에 있은 45개 경주의

---

* P. Slovic, "Behavioral Problems Adhering to a Decision Policy" (미발표 논문, 1973).

데이터를 주면서, 각 경주에서 상위 5위 안에 들었을 것 같은 말을 골라 달라고 했다.

마권업자에게는 자기가 가장 중요하다고 꼽은 변수와 관련된 과거 데이터가 5개, 10개, 20개, 40개씩 주어졌다. 그리고 각 경주 결과를 네 번(정보 세트마다 한 번씩) 예측했다. 또 자신의 예측에 얼마나 자신이 있는지도 표시했다.

정보가 5개만 있을 때는 정확성과 자신감이 모두 높게 나타났다. 하지만 점점 더 많은 정보가 주어지자 안타깝게도 다음과 같은 두 가지 일이 일어났다. 첫째, 정확도가 높아지지 않았다. 마권업자들의 예측 정확성은 정보가 5개 있을 때나 40개 있을 때나 비슷했다. 정보가 많다고 해서 더 나은 결정을 내리는 건 아니라는 얘기다.

둘째, 정보량이 늘어나면 예측에 대한 자신감도 크게 증가했다. 정보가 5개일 때는 마권업자 중 17퍼센트 정도가 자신의 예측이 정확할 것이라고 확신한 반면, 정보가 40개일 때는 예측의 정확성을 자신하는 사람이 30퍼센트 이상으로 급증했다(정확도는 전혀 향상되지 않았다는 사실을 기억하자!). 결국 추가 정보는 마권업자들의 예측 정확성은 높이지 못했지만, 과도한 자신감을 갖는 데는 기여했다.

또 다른 심리학자 그룹은 최근에 미식축구에서도 매우 비슷한 패턴을 발견했다.* 그들은 미식축구 팬들이 15개 NCAA 경기 결과와

---

* C. Tsai, J. Kalyman, R. Hastie, "Effects of Amount of Information on Judgment Accuracy and Confidence" (조사 보고서, 2007).

점수 차를 예측할 수 있는지 실험했다. 이 연구에 참여한 이들은 대학 미식축구에 대한 지식이 풍부하다는 것을 증명하는 시험을 통과해야 했다. 따라서 실험 참가자는 모두 전문가라고 불러도 손색없는 수준이었다.

이들에게 실험에 참가하지 않은 미식축구 팬들에게 설문조사를 실시해서 고른 정보를, 5개 라운드에 걸쳐 무작위로 제시했다. 라운드마다 여섯 가지 정보를 무작위 순으로 알려줬다. 단, 팀 이름은 매우 중요한 힌트가 되기 때문에 일부러 알려주지 않았다. 대신 실책, 턴오버, 전진한 야드 수 등 미식축구의 다양한 통계와 관련된 정보만 제공했다.

정보가 많은 것이 정말 도움이 되는지 확인하기 위해, 참가자들에게 제공한 것과 동일한 데이터를 컴퓨터 프로그램에 입력했다. 라운드마다 컴퓨터 모델에도 더 많은 정보를 제공해서, 인간 플레이어들과 동일한 조건이 되도록 했다.

이 실험 결과는 적은 것보다는 많은 게 좋다고 주장하는 이들에게 안도감을 준다. 컴퓨터 프로그램은 첫 번째 정보 세트(여섯 가지 정보)만 가지고도 56퍼센트의 정확성을 보였다. 정보가 추가됨에 따라 예측 정확도는 71퍼센트로 높아졌다. 따라서 컴퓨터의 경우에는 정보가 많을수록 좋은 게 분명했다. 그렇다면 인간은 어떨까? 마권업자와 마찬가지로, 미식축구 전문가들의 정확성은 정보가 늘어나도 향상되지 않았다. 알고 있는 정보가 여섯 가지든, 30가지든 상관없이 예측 정확도는 거의 비슷했다. 하지만 참가자들의 자신감은 정보가 늘어날수록 높아졌다. 예를 들어, 정보를 여섯 가지만 알 때는 69퍼센트의 자신감을 보였지만, 30가지 정보를 제공하자 자신감이 거의 80퍼센트까지 치솟았다. 하지만 마권업자의 경우와 마찬가지로, 이용 가능한 정보의 양에 따라 자신감은 높아져도 정확성은 높아지지 않았다.

📈 예측에 확신을 더하는 정보

컴퓨터와 인간 사이에 왜 그런 차이가 발생한 것일까? 우리 인간은 정보를 처리하는 능력에 한계가 있다. 순식간에 엄청난 양의 계산을 수행할 수 있는 슈퍼컴퓨터가 아니기에 정보 처리 용량에 한계가 있다.

자동차 선택에 관한 최근 연구도 이런 한계에 대한 증거를 제공한다.* 이 연구에 참가한 이들은 네 가지 자동차 중에서 하나를 선택해야 한다. 참가자를 두 그룹으로 나눠서 한쪽에는 자동차 사양에 관한 정보를 네 가지만 알려주고, 다른 쪽에는 12가지를 알려줬다. 두 경우 모두, 한 자동차가 다른 차들에 비해 눈에 띄게 우수해

---

* A. Dijksterhuis, M. Bos, L. Nordgren, R. Van Baaren, "On Making the Right Choice: The Deliberation Without Attention Effect," 〈사이언스(Science)〉 311 (2007): 1005-1007.

서 전체 사양의 75퍼센트가 긍정적이었다. 반면 다른 차 두 대는 긍정적인 특성이 50퍼센트뿐이고, 나머지 한 대는 25퍼센트에 불과했다. 제시된 정보가 적을 때는 실험 참가자의 거의 60퍼센트가 최고의 차를 선택했다. 하지만 정보가 과도하게 많아지자(생각하고 따져봐야 하는 사양이 12가지나 되는 경우), 참가자의 20퍼센트 정도만 최고의 차를 선택했다.

재무 분석가들도 비슷한 결과를 보였다.* 그들에게 주어진 과제는 45개 회사의 4분기 수익을 예측하는 것이었다. 사실 회사는 15개였지만, 이들 회사의 정보를 세 가지 다른 형식으로 제시한 것이다. 정보 형식은 다음과 같다.

1. 최근 세 분기 동안의 EPS, 순매출, 주가 등이 포함된 기본 데이터
2. 기본 데이터 + PE 비율처럼 기본 데이터에 이미 포함되어 있는 중복되거나 관계없는 정보
3. 기본 데이터 + 배당금 증가처럼 예측 능력 향상에 도움이 되는 중복되지 않는 정보

---

* F. D. Davis, G. L. Lohse, J. E. Kotteman, "Harmful Effects of Seemingly Helpful Information on Forecasts of Stock Earnings," 〈경제 심리학 저널(Journal of Economic Psychology)〉 15 (1994): 253-267.

참가자들은 같은 회사의 정보가 세 가지 형태로 주어졌다는 사실을 알아차리지 못했다. 특정 회사의 정보를 제시할 때마다 중간에 적어도 다른 일곱 개 회사의 프로필이 들어갔기 때문이다.

응답자는 예측만 하는 게 아니라 자기 예측을 얼마나 확신하는지도 답해야 했다. 중복 정보와 비중복 정보 모두 예측 오류를 크게 증가시켰다. 하지만 예측에 대한 본인의 신뢰도는 사용 가능한 정보 양에 따라 크게 증가했다.

📈 응급실에서 시장까지

앞서 얘기한 의사들의 과잉 자신감 문제 때문에 투자자는 의사에게 배울 게 없다고 생각할지도 모른다. 하지만 꼭 그렇지만은 않다.

우리 이야기는 미시간주에 있는 한 병원에서 시작한다. 이 병원 의사들은 흉통이 심한 환자의 90퍼센트를 심장 중환자실로 보냈다. 이 때문에 중환자실에 환자들이 넘쳐나면서 진료 수준이 떨어지고 치료비는 상승했다.

의사들이 심장 중환자실에 그렇게 환자를 많이 보낸 것은 중환자실로 보내야 할 사람을 보내지 않았을 때 발생할 수 있는 일에 대한 우려 때문이다. 치료받아야 할 사람이 못 받는 것보다는 중환자실이 붐비는 편이 낫다고 생각한 것이다. 하지만 이는 중환자실이 갖고 있는 위험성을 무시한 처사다. 매년 약 2만 명의 미국인이 병원에서 감염된 질병으로 사망하는데, 이런 병에 감염될 위험은 일반 병동보다 중환자실이 훨씬 높다.

미시간 병원 의사들의 가장 심각한 문제는 굳이 중환자실에 입원할 필요가 없는 사람의 90퍼센트를 중환자실로 보냈다는 것인데 이는 제비뽑기로 정한 것과 크게 다를 바 없는 확률이다!

이런 결과를 보면 의사들이 왜 전문적인 치료가 필요한 사람과 그렇지 않은 사람을 구분하는 데 그렇게 어려움을 겪는 건지 의문이 생기는데 다행히 이 문제를 이미 살펴본 사람들이 있다.*

이 문제를 연구한 이들은 놀라운 사실을 발견했다. 의사들이 엉뚱한 요인을 살펴보고 있었던 것이다. 의사는 조기 관상동맥질환의 가족력, 연령, 성별, 흡연, 당뇨병, 혈청 콜레스테롤 증가, 고혈압 같은 위험 요인을 중요하게 여기는 경향이 있었다.

이런 위험 요소를 살펴보는 것은 심장 허혈에 걸릴 가능성을 전반적으로 평가하는 데는 도움이 되지만 진단에 크게 보탬이 되는 것은 아니다. 따라서 허위 진단 항목이라고 할 수 있다. 그보다 훨씬 적절한 진단 단서가 분명히 있을 것이다. 연구에 따르면, 환자가 겪는 증상의 성격과 위치, 심근허혈 병력, 특정한 심전도 소견 등이 급

---

* L. Green & J. Yates, "Influence of Pseudodiagnostic Information on the Evaluation of Ischemic Heart Disease," 〈응급의학연보(Annals of Emergency Medicine)〉 25 (1995): 451-457.

성 허혈, 경색, 사망률의 가장 확실한 예측 변수라고 한다. 그러니 의사들이 실제로 주목한 위험 요소보다 이런 요소들을 더 눈여겨봐야 한다.

의사들이 중요한 요인에 집중하게 하려면 어떻게 해야 할까? 연구진은 진단 정보와 관련한 다양한 확률을 표시한 적층 카드를 사용하자는 아이디어를 생각해냈다. 그러면 의사들은 이 표를 보면서 증상과 검사 결과에 따른 확률을 곱하여 문제가 발생할 전체적인 가능성을 추정할 수 있다. 그 결과가 정해진 기준치를 넘는 환자는 심장 중환자실로 보내고, 그렇지 않은 환자의 경우에는 모니터가 달린 일반 병상으로도 충분하다.

이렇게 의사들의 결정을 도와줄 수 있는 방법이 도입되자 의사의 진단 능력이 크게 개선되었다. 여전히 문제 사례가 많았지만, 심장 중환자실에 갈 필요가 없는 환자들을 중환자실로 보내는 일은 대폭 줄었다.

물론 이러한 결과는 이 방법이 효과가 있었다는 뜻일지도 모른다. 하지만 선량하고 양심적인 과학자 그린왈드와 동료들은 정말 그런지 제대로 확인해보는 게 좋겠다고 판단했다. 그들은 몇 주 동안은 의사에게 결정 지원 도구를 제공하고, 몇 주 동안은 제공하지 않는 방법을 이용했다. 도구가 성능 향상의 원천이라면, 해당 도구의 사용이 금지된 주에는 성과가 약간 떨어지리라고 예상할 수 있을 것이다.

이 실험 결과는 놀라운 사실을 보여줬다. 도구 사용 여부에 상관 없이 의사결정 능력이 향상된 것처럼 보인 것이다. 이런 놀라운 결과가 나타난 원인은 무엇일까? 의사들이 카드에 적힌 확률을 암기해서 카드가 눈앞에 없을 때도 그것을 이용한 것일까? 하지만 카드에 기재된 다양한 조합과 순열은 기억하기가 쉽지 않아서 그랬을 가능성은 없어 보인다. 이런 결과가 나온 것은 사실 의사들이 올바른 단서가 뭔지 제대로 이해하게 되었기 때문이다. 즉 진단에 사용할 수 있는 올바른 정보를 제시하자 의사들이 강조하는 사항이 진단 정보에서 진짜 중요한 정보 요소로 전환된 것이다. 그들이 드디어 제대로 된 정보를 보기 시작했다!

연구진은 이런 결과를 바탕으로, '예 혹은 아니오' 질문을 이용한 매우 간편한 의사결정 지원 도구를 고안했다. 특정한 심전도 이상 (ST 변화)을 보이는 환자는 곧바로 심장 중환자실로 보냈다. 그렇지 않은 경우에는 두 번째 신호, 즉 환자가 가슴 통증을 겪고 있는지 여부를 고려해서 통증이 있는 환자는 중환자실에 입원시켰다. 이런 보조 도구는 진단에 중요한 요소를 투명하고 명확하게 보여줬다.

이 간단한 체크리스트는 실제 상황에서도 매우 훌륭하게 작동했다. 간단한 '예 혹은 아니오' 질문 덕분에 중환자실로 제대로 보낸 환자 수는 늘어나고(95퍼센트), 잘못 보낸 환자 수는 50퍼센트까지 줄어들었다. 복잡한 통계 모델보다 훨씬 뛰어난 효과를 발휘한 것이다.

간단한 체크리스트의 힘을 과소평가해서는 안 된다. 최근의 한 연구*에서는 19개 문항으로 구성된 간단한 수술 체크리스트의 이용이 환자의 생명을 구하는 데 얼마나 도움이 되는지 조사했다. 이 체크리스트에는 수술실에 들어온 환자가 모두가 생각하는 그 환자가 맞는지, 간호사들이 수술 도구의 소독 상태를 다시 점검했는지, 수술이 끝난 뒤 도구 수를 세어서 수술을 시작할 때와 숫자가 같은지 확인하는 등의 간단한 내용이 포함되어 있었다.

이런 일은 체크리스트가 없어도 의사와 간호사가 당연히 하는 일이라고 생각할 것이다. 하지만 체크리스트가 생기면서 강제로 이 단계를 밟게 되었는데, 그 효과는 놀라웠다. 체크리스트를 도입하기 전에는 환자 사망률이 1.8퍼센트, 수술 후의 합병증 발생률이 11퍼센트였다. 하지만 도입 후에는 사망률이 0.8퍼센트로 줄고 합병증 발생률은 7퍼센트까지 감소했다.

의사와 환자들 얘기는 이쯤 해두고, 투자자들이 여기서 뭘 배울 수 있을지를 생각해보자. 답은 간단하다. 월스트리트의 시끄러운 행상인들의 외침에 귀 기울이지 말고 정말 중요한 정보에 집중해야 한다. 투자와 관련된 모든 것을 알려고 하기보다는 정말 알아야 하는 다섯 가지 정보를 분석하는 편이 훨씬 낫다.

투자관리 회사인 퍼스트 이글의 설립자 장 마리 이베이야르도 내

---

* A. B. Haynes et al., "A Surgical Safety Checklist to Reduce Morbidity and Mortality in a Global Population," 〈뉴잉글랜드 저널 오브 메디슨(New England Journal of Medicine)〉 360 (2009): 491-499.

주장에 동의한다. "세부 사항에 압도당하거나 복잡한 부분에 얽매이기 쉽지만, 내게 가장 중요한 건 그 회사의 주요 특성 너덧 가지를 파악하는 것이다. 나는 주로 올바른 질문을 던지고 결정에 필요한 분석에 집중한다".

신호와 소음을 구분할 줄 아는 또 한 명의 위대한 투자자로는 역시 워런 버핏을 꼽을 수 있다. 그는 투자할 때 다음 분기 수익 전망에 대해 논의하거나 과도하게 많은 정보를 참고하지 않는다. 대신 이렇게 말한다. "우리가 쓰는 방법은 매우 간단하다. 정직하고 유능한 사람들이 경영하는, 기본적인 자본 환경이 훌륭한 기업의 주식을 합리적인 가격에 사려고 할 뿐이다. 그게 전부다".

투자에 대한 올바른 접근 방식은 없으며, 투자할 때 항상 눈여겨봐야 한다고 말할 수 있는 요소가 몇 가지로 정해져 있는 것도 아니다. 이는 각자의 투자 방식에 따라 달라진다. 나는 가치투자의 신봉자이기 때문에, 내가 가장 좋아하는 요소들이 당신의 취향에 맞지 않을 수도 있다. 하지만 일단 나는 기본적으로 다음과 같은 세 가지 요소에 중점을 둔다.

1. 가치 평가: 이 주식은 심하게 저평가되어 있는가?
2. 대차 대조표: 이 회사가 파산할 가능성이 있는가?
3. 자본 규율: 경영진이 내가 준 현금을 어떻게 사용하는가?

이런 포인트가 당신의 투자 방식에 유용할 수도 있고 그렇지 않을 수도 있지만, 여기서 중요한 것은 투자 항목을 평가할 때 사용할 요소를 정한 다음 각 요소에 대한 자체 분석에 집중해야 한다는 것이다.

CHAPTER

7

만성적인 조울증 환자,
미스터 마켓

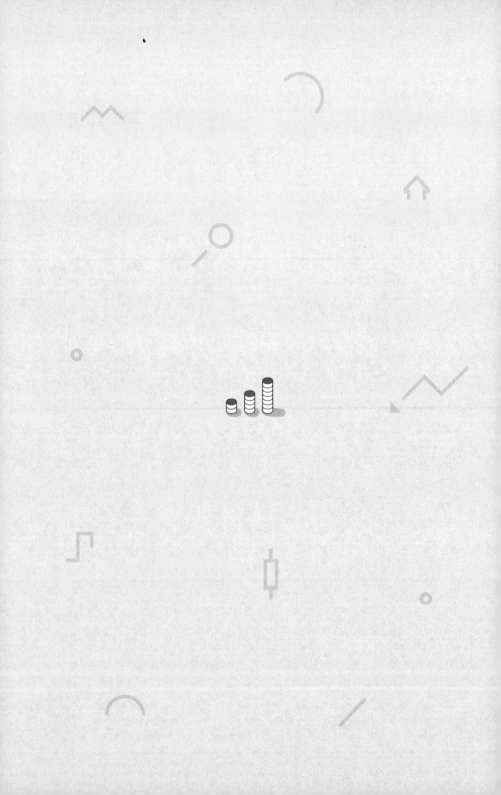

언제든 TV를 켜기만 하면, 시장의 무작위적 변동에 가까운 상황을 심층 분석하느라 여념이 없는 채널을 적어도 세 개는 찾을 수 있다. 내 친구는 이런 채널을 가리켜 '버블비전Bubblevision'이라고 부른다. 매력적인 여성들과 열정적인 남성들, 그리고 신뢰도를 높이기 위해 나비넥타이를 맨 전문가까지 나와서 매일 주식시장에서 벌어지는 세세한 움직임을 우리에게 설명한다. 경제 신문에서도 똑같은 일이 벌어진다. 어제 시장에서 어떤 상황이 발생한 이유를 그럴듯하게 설명하는 칼럼이 지면을 가득 채우는 것이다.

앞 장에서 얘기한 것처럼, 정보가 너무 많으면 극단적인 과신으로 흐를 뿐 실제로 도움이 되는 부분은 거의 없다. 하지만 정보와 관련된 문제는 이것뿐만이 아니다. 우리는 쓸모없는 정보에서도 위안을 얻으면서 그것을 아무 생각 없이 처리한다.

예를 들어, 심리학자들은 '플라시보' 정보가 사람들의 행동에 미치는 영향을 살펴봤다.* 플라시보 정보란 아무 의미도 없는 정보를 뜻한다. 이런 불필요한 정보가 실제로 누군가의 행동에 영향을 미칠 수 있을까?

심리학자들은 복사기 앞에 줄이 길어지길 기다렸다가 실험 참가자가 불쑥 그 줄에 끼어드는 기발한 실험을 진행했다. 새치기를 한

---

* E. J. Langer, A. Blank, B. Chanowitz, "The Mindlessness of Ostensibly Thoughtful Action: The Role of Placebic Information in Interpersonal Interaction," 〈성격 및 사회 심리학 저널(Journal of Personality and Social Psychology)〉 36 (1978): 635-642.

실험 참가자는 다음과 같은 세 가지 변명 가운데 하나를 댔다.

1. "죄송한데, 5페이지짜리 서류가 있거든요. 제가 먼저 복사기를 써도 될까요?" – 정보를 제공하지 않는 경우
2. "죄송한데, 저한테 5페이지짜리 서류가 있거든요. 이걸 복사해야 하는데, 제가 먼저 복사기를 써도 될까요?" – 의미가 전혀 없는 가짜 정보. 그 줄에 서 있는 사람은 모두 복사를 해야 하는 이들이다. 그렇지 않다면 애초에 거기 서 있지도 않았을 것이다.
3. "죄송한데, 저한테 5페이지짜리 서류가 있거든요. 급해서 그러는데 제가 먼저 복사기를 써도 될까요?" – 진짜 정보

놀랍게도 아무 정보도 주지 않았을 때도 최대 60퍼센트나 되는 사람들이 실험 참가자가 줄에 끼어드는 것을 허락했다. 가짜 정보나 진짜 정보를 제공했을 때는 승낙율이 90퍼센트 이상으로 증가했다. 단순히 문장에 "~해서 그러는데"라는 단어를 사용하는 것만으로도 그 이유가 진실하고 의미 있다고 믿도록 사람들을 설득할 수 있었다. 우리는 아무리 시시한 이유라도 다 받아들이는 것 같다.

위와 똑같은 심리학자들이 뉴욕 시립대학 대학원 센터의 비서들이 쓰는 쓰레기통을 뒤지는 두 번째 실험을 진행했다. 그들은 비서가 일상적으로 받는 정보의 종류를 알아내려고 메모 샘플을 수집했

다. 그리고 이를 알아낸 실험자들은 존재하지 않는 사람이 쓴 가짜 메모를 보냈다. 메모에는 그냥 그 메모를 대학 안에 있는 특정한 사무실로 보내 달라는 요청만 적혀 있었다. 정말 쓸데없는 일이지만, 대기업에서 일하는 사람들에게는 익숙한 일일 것이다.

연구진은 가짜 지시라도 일상적인 방식으로 업무 지시를 내리면 비서들이 평소처럼 아무 의심 없이 대응할 것이라는 가설을 세웠다. 비서들이 평소에 받는 메모 스타일을 살펴보니, 위와 같은 인간미 없는 요청이 가장 흔했다.

실험 결과, 연구진의 생각이 맞았다는 게 증명되었다. 사무적인 요청 메모를 받은 비서의 90퍼센트가 내부 메일을 이용해 대학 내의 다른 사무실로 메모를 보내라는 지시를 따랐다.

몇 년 전에 사람들의 순응성을 잘 보여주는 또 하나의 좋은 예를 발견했다. 가톨릭교회에서 1,000명을 대상으로 여론조사를 실시했는데, 《다빈치 코드Da Vinci Code》를 읽은 사람들은 예수 그리스도가 자녀를 낳았다고 믿는 경우가 이 책을 읽지 않은 사람보다 두 배 많았고, 오푸스 데이Opus Dei(로마 가톨릭교회의 성직 자치단-옮긴이)가 사람을 죽이는 집단이라고 믿는 비율은 네 배나 높았다.

이런 모든 증거는 사람들이 익숙한 형태의 정보를 보면 아무 의심 없이 그 정보를 처리한다는 것을 강력하게 시사한다. 그래서 금융시장의 시끄러운 행상인들도 살아남을 수 있는 것이다. 만성적인 불확실성에 직면하는 투자자들은 모호하지만 그럴듯한 설명을 들으면 거기에 의지하거나 집착하게 된다.

📈 시끄러운 행상인들로부터 자신을 보호하는 방법

5장에서 살펴본 것처럼, 외부 관점의 힘을 활용하면 우리가 아무 생각 없이 정보를 처리하는 것을 막을 수 있다. 래리 서머스는 금융시장의 급격한 출렁임과 관련된 외부의 시각을 제공해준다. 그는 1947년부터 1987년 사이에 미국 주식시장에 발생한 50개의 가장 큰 급등락을 연구한 논문*을 1989년에 공동 저술했다. 서머스와 동료들은 시장이 급등락한 이유를 찾기 위해 언론 보도를 샅샅이 뒤졌다.

그들은 "상당한 수익을 거둔 날은 대부분…… 언론이 시장 등락의 원인으로 인용한 정보가 별로 중요하지 않았다. 또 그 직전의 언론 보도에도 향후 수익이나 투자수익률이 달라진 이유에 대한 납득할 만한 설명은 없었다"라고 결론지었다. 다시 말해, 시장에 나타난 가장 큰 변동의 절반 이상은 펀더멘털로 분류될 수 있는 것들과 아무런 관련도 없다는 얘기다.

가격 변동성은 금융시장의 어쩔 수 없는 현실이다. 벤 그레이엄

---

* D. M. Cutler, J. Poterba, L. H. Summers, "What Moves Stock Prices?" 〈포트폴리오 관리 저널(Journal of Portfolio Management)〉 15 (1989년 봄호): 4-13.))

투자하는 마음

은 과도한 변동성이 존재하는 현실을 가리켜, 우리가 '미스터 마켓'이라는 이름의 매우 친절한 파트너와 거래하고 있는 것이라고 설명했다.

> 그는 날마다 당신의 주식 가치가 얼마나 되는지 알려주고, 당신이 가진 지분을 다 사겠다고 제안하거나 추가 지분을 매수하라고 한다…… 때로는 그의 가치 평가가 당신이 생각하는 회사의 발전 전망과 일치해서 그럴듯하고 타당해 보인다. 하지만 그는 종종 지나친 열정이나 두려움에 사로잡혀서 말도 안 되는 가격을 제시하기도 한다.

요컨대 미스터 마켓은 만성적인 조울증 환자다(혹은 양극성 정동장애를 앓고 있다). 투자 자문을 할 때 시장 가격에 집중하는 사람은 실패할 수밖에 없다. 존 메이너드 케인스는 "대개의 경우 변동성 때문에 저렴한 매물이 많이 나오지만, 변동성으로 인한 불확실한 상황 때문에 이를 기회로 활용하지 못한다"고 이 상황의 아이러니를 지적했다.

물론 이런 변동성이 버블비전이 존재하는 이유다. 만약 시장이 조용하고 지루하기만 하다면 주식 방송 해설자들은 할 말이 아무것도 없을 것이다.

이런 시끄러운 행상인들로부터 우리를 보호하려면 어떻게 해야 할까? 내 예전 고객 한 명이 참신한 해결책을 고안했다. 그들 사무실

전체에는 블룸버그 단말기Bloomberg terminal(미국의 경제 전문 매체인 블룸버그의 금융 정보를 제공하는 전용 단말기 - 옮긴이)가 하나만 있었다. 그 무시무시한 기계에 접근하는 사람은 누구나 굴욕적인 의식을 치러야 했다. 그들은 그런 소음이 투자자로서의 노력에 엄청난 역효과를 가져온다고 여기게 되었다. 버블비전을 끄는 것은 시장의 노예가 되는 것을 막는 좋은 방법이다.

확증 편향을 벗어나기 위해선
찰스 다윈이 되어야 한다

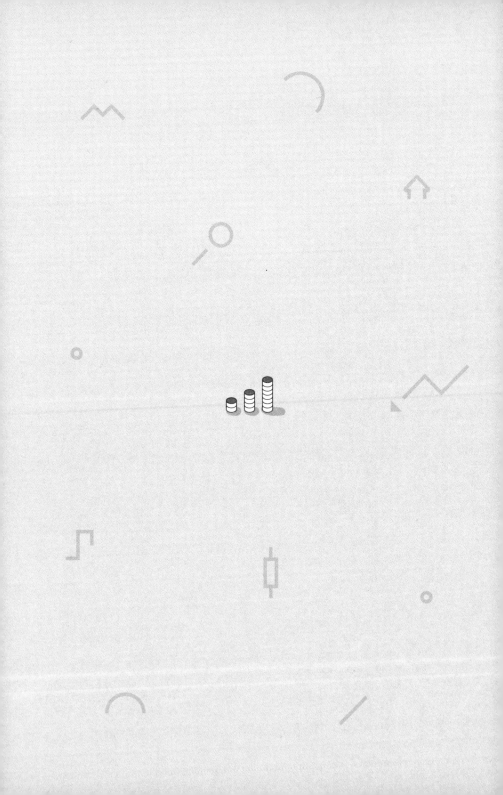

또 하나의 난제를 풀어야 할 때가 됐다.

당신 앞에 카드 네 장이 펼쳐져 있다고 해보자. 카드의 한쪽에는 글자가 적혀 있고 다른 쪽에는 숫자가 적혀 있다. 지금 펼쳐져 있는 네 개의 면에는 E, 4, K, 7이 보인다. 카드 한쪽에 E가 있으면 그 반대쪽에는 4가 있어야 한다. 내가 진실을 말하는지 확인하려면 어떤 카드를 뒤집어봐야 할까?

생각해보자.

당신도 이 질문에 대답한 펀드매니저의 95퍼센트와 비슷하다면, 틀림없이 오답을 말할 테니 부담 갖지 않아도 된다!

이 질문은 내가 던진 모든 질문 가운데 오답률이 가장 높다. 또 1장에서 다룬 인지 반응 과제의 성적과 무관한 편향이기도 하다. 거기서 아주 높은 점수를 받은 사람도 이 문제에 내재한 편향을 겪을 가능성이 있다.

가장 많이 하는 대답은 E와 4다. 하지만 정답은 E와 7이 적힌 카드 두 장을 뒤집어보는 것이다. 왜 그런지 설명하겠다. 대부분의 사람들은 E를 선택하는데, 그것을 뒤집었을 때 뒷면에 4가 없다면 내가 거짓말을 했다는 것이 증명된다. 만약 7을 뒤집었는데 뒷면에 E가 있다면, 이것도 내가 거짓말을 했다는 증거가 될 것이다. 하지만 4를 뒤집는 것은 도움이 되지 않는다. 나는 E 뒷면에 4가 있다고 했지, 4 뒷면에 E가 있다고 하지는 않았다. 이렇듯 4에 마음이 가는 습관을 확증 편향이라고 한다. 자신의 생각과 일치하는 증거를 찾는 것이다.

문제를 하나 더 풀어보자. 당신 앞에 2-4-6의 순서로 된 숫자가 놓여 있다. 당신이 할 일은 내가 이 순서를 만들 때 사용한 규칙을 알아내는 것이다. 규칙을 알아내기 위해 다른 숫자 세 개로 된 조합을 만들 수도 있다. 그러면 나는 그게 내가 사용한 규칙과 일치하는지 말해줄 것이다. 답을 찾았다고 확신하면 테스트를 중단하고 그 규칙이 무엇인지 말하면 된다.

대부분 4-6-8이라는 답을 제시하는데, 그러면 나는 "네, 규칙과 일치합니다"라고 말한다. 그리고 10-12-14라고 말해도 똑같이 긍정적인 대답을 할 수 있다. 이쯤 되면 많은 이들이 규칙을 알아냈다고 생각하면서, "2씩 증가하는 숫자" 혹은 "2씩 증가하는 짝수"라고 말한다. 하지만 내 대답은 "그건 내가 순서를 구성할 때 사용한 규칙이 아닙니다"라는 것이다.

실제로 사용한 규칙은 '모든 오름차순'이지만 그 규칙을 밝혀내는 사람은 거의 없다. 규칙을 알아내는 가장 손쉬운 방법은 내림차순이나 크고 작은 숫자를 뒤섞는 등 내게서 "아뇨, 그건 규칙에 맞지 않습니다"라는 대답을 들을 수 있는 답을 제시하는 것이다. 하지만 대부분은 그런 답을 제시할 생각은 아예 하지도 않는다. 자기 가설을 확인할 수 있는 정보를 찾느라 너무 바쁘기 때문이다.

증거와 어긋나는 정보보다 일치하는 정보만 찾는 이런 행동의 함정은 과학 철학자 칼 포퍼가 제시한 원칙에 정면으로 위배되는 것이다. 그는 가설을 시험하는 유일한 방법은 그것과 일치하지 않는 모든 정보를 찾는 과정, 즉 반증이라고 주장했다.

찰스 다윈은 종종 반대되는 증거를 찾으려고 노력했다. 진화에 대한 자신의 이론과 모순되는 듯한 사실을 발견할 때마다 그것을 적어두고, 어떻게 하면 이론과 현상을 일치시킬 수 있을지 알아내려고 애썼다. 하지만 투자자 중에 다윈 같은 사람은 찾아보기 힘들다.

확증 편향은 투자뿐 아니라 어느 분야에서나 볼 수 있는 흔한 실수다. 사실 우리는 자기 의견과 반대되는 증거보다 일치하는 증거를 찾으려는 경향이 두 배나 높다고 한다. 당신은 어떤 사람이 쓴 글을 주로 읽는가? 자기와 의견이 가장 비슷한 사람의 글을 읽을 것이다. 보도에 따르면, 딕 체니 전 부통령은 자기가 호텔에 들어가기 전에 방의 TV 채널을 보수의 스피커와도 같은 폭스 뉴스에 맞춰놓으라고 요구했다고 한다! 당신은 누구와 회의하는 게 좋은가? 자기와 생각이 가장 비슷한 사람들일 것이다. 왜냐고? 남들이 자기 의견에 맞장구쳐주면 기분이 좋고 또 회의가 끝났을 때 자기가 가장 똑똑하다고 생각하면서 자리에서 일어나는 것을 좋아하기 때문이다.

이는 관점을 시험하기에 별로 좋은 방법이 아니다. 차라리 자기와 의견이 가장 일치하지 않는 이들과 함께 있는 편이 낫다. 자신의 생각을 바꾸기 위해서가 아니다. 단순한 대화를 통해 마음이 바뀌는 사람은 100만 명 중에 한 명 있을까 말까 할 것이다. 이는 자기와 반대되는 의견을 가진 사람의 이야기를 듣기 위해서다. 그들의 주장에서 논리적인 결함을 발견하지 못한다면, 자기 의견을 전처럼 강하게 내세우지 못할 것이다.

📈 실종된 로저 경 찾기

우리는 자기 의견과 일치하는 정보를 찾을 뿐 아니라, 모든 정보가 자기 가설을 뒷받침한다고 여기는 경향까지 있다. 이런 경향의 극단적인 예로 로저 티치본 경의 안타까운 실화를 들 수 있다. 로저 경은 1854년에 항해 도중 실종됐다. 그의 어머니는 프랑스에서 정성을 다해 키운 아들이 영원히 떠났다는 사실을 믿으려 하지 않았다. 그래서 아들을 찾는 일을 포기하지 않았다.

로저 경이 실종되고 12년이 지난 뒤, 티치본 부인의 기도가 응답을 받은 듯했다. 그녀의 아들을 찾았다고 주장하는 호주 변호사에게서 편지가 온 것이다. 편지에 따르면, 난파된 배에서 기적적으로 탈출한 로저 경은 호주로 갔고 거기서 성공하기로 다짐하고 몇 가지 사업을 벌였다고 한다. 하지만 안타깝게도 사업은 그가 기대했던 것만큼 잘되지 않았고, 그는 자신의 모습이 너무 초라해서 어머니에게 연락을 할 수 없었다.

그러다가 어머니가 아직 자기를 찾고 있다는 사실을 알고는 오랫동안 걱정을 끼친 것에 마음이 아팠다고 했다. 편지는 로저 경과 그의 아내, 그리고 아이들의 여비를 보내 달라는 요청으로 끝을 맺었다. 티치본 부인은 이 소식을 듣고 매우 기뻐하면서 가족의 재회를 위해 필요한 돈을 부쳤다. 티치본 부인은 영국에 도착한 로저 경을 오랫동안 잃어버렸던 아들로 인정하고 매년 1,000파운드씩 생활비를 줬다.

그러나 티치본 가족 모두가 이 사람이 진짜 로저 경이라고 확신한 것은 아니었다. 로저 경은 원래 약간 마른 체격이었는데 이 사람은 몹시 뚱뚱했다. 로저 경에게는 문신이 몇 개 있었는데 이 사람에게는 아무것도 없었다. 사람의 체구는 언제든 바뀔 수 있지만 문신이 사라지는 건 드문 일이다. 또 사람의 눈 색깔이 바뀌는 것도 쉽지 않다. 로저 경의 눈은 파란색이었는데, 이 사람은 갈색이었다. 그는 또 로저 경보다 키가 2.5센티미터쯤 컸고, 프랑스어를 할 줄 몰랐으며(로저 경은 할 줄 알았다), 몸통에 로저 경에게는 없던 커다란 점이 있었다.

왜 그런지 모르겠지만, 티치본 부인은 이 모든 증거를 무시했다. 가족들은 그녀가 죽은 뒤에야 겨우 그 호주인이 사기꾼임을 증명할 수 있었다. 그는 결국 사칭과 위증죄로 10년간 복역했다.

📈 선입견의 포로

·········

명백한 증거를 받아들이려 하지 않은 티치본 부인의 이야기는 극단적인 사례지만, 그보다 사소한 예는 주위에서 자주 찾아볼 수 있다. 예를 들어, 한 실험에서는 참가자들에게 사형 선고가 범죄 억제 효과가 있다는 논문과 없다는 논문을 무작위로 선택해서 읽게 했다(그리고 이런 연구에 대한 비판까지).* 그런 다음 그 논문이 사형과 그 억제 효과에 대한 자신의 생각에 얼마나 영향을 미쳤는지 평가하도록 했다. 그 결과 이들 중 절반은 사형에 찬성했고 절반은 반대했다.

처음부터 사형 선고에 찬성했던 이들은 사형을 지지하는 논문의 논증이 정밀하고 수준이 높으며 중요한 연구라고 생각했다. 그리고 사형제도에 반대하는 주장을 펴는 연구는 모두 심각한 결함이 있다고 생각했다. 처음부터 반대 입장을 고수했던 이들은 정반대의 결론에 도달했다. 심리학자들은 "실험을 시작할 때의 입장과 최종적인 입장을 비교해서 살펴보니, 사형 지지자들은 사형을 더 찬성하게 되었고 반대자들은 더 반대하게 되었다"고 결론지었다. 실제로 참가자들의 견해가 양극화되어 실험 전보다 훨씬 극단적인 견해를 갖게 된 것이다.

---

* M. R. Leeper, C. G. Lord, L. Ross, "Biased Assimilation and Attitude Polarization: The Effects of Prior Theories on Subsequently Considered Evidence," 〈성격 및 사회 심리학 저널〉 37 (1979): 2098-2109.

모든 증거를 자신의 생각을 뒷받침하는 증거로 받아들이는 편향 동화*에 관한 또 다른 연구에서는 참가자들에게 이라크의 아부 그라이브 교도소의 한 병사가 죄수들을 고문한 혐의로 기소되었다는 사실을 알려줬다. 그리고 그 병사가 당국자들이 제네바 협약을 유예하기로 했다는 통보를 받았다고 주장하면서 고위 관리들을 증인으로 소환할 수 있는 권리를 요구했다는 정보도 함께 전했다.

심리학자들은 실험 참가자들에게 그 병사의 주장을 뒷받침하는 증거의 양을 각기 다르게 제공했다. 어떤 사람에게는 최소한의 정보만 주고, 어떤 사람에게는 넘칠 만큼 많은 증거를 안겨줬다. 하지만 증거의 양과 사람들의 행동을 평가하는 것은 본질적으로 무관했다. 다음과 같은 단 세 가지 기준을 이용해, 사람들이 그 증거가 전 미국 국방장관 도널드 럼즈펠드를 소환하기에 충분하다고 생각하는지 예측할 수 있는 확률은 84퍼센트나 됐다.

1. 그들이 공화당을 선호하는 정도
2. 미군을 선호하는 정도
3. 국제사면위원회 같은 인권단체들을 선호하는 정도

---

* D. Westen, P. Blagov, J. Feit, P. Arkowitz, P. Thagard, "When Reason and Passion Collide: Emotional Constraint Satisfaction in Motivated Political Reasoning" (미발표 조사 보고서, 2004).

CHAPTER 8. 확증 편향을 벗어나기 위해선 찰스 다윈이 되어야 한다이 방정식에 증거를 추가하면 연구원들의 예측 정확도를 84~85 퍼센트까지 높일 수 있었다.

심리학자들은 자신감과 편향 동화가 어색한 탱고를 춘다는 사실을 되풀이해서 확인했다. 자신의 견해가 올바르다고 확신하는 사람일수록, 새롭게 얻은 증거를 기존의 선호도에 맞게 왜곡해서 확신을 더 굳히는 경우가 많았다.

📈 회사 죽이기

그렇다면 본인의 생각과 일치하는 정보만 찾는 이런 방심할 수 없는 경향에 맞서 우리의 재산을 지키려면 어떻게 해야 할까? 확실한 정답은 자신의 분석이 틀렸음을 증명할 수 있는 증거를 찾는 방법을 배우는 것이다. 줄리언 로버트슨이 설립한 타이거 펀드에서 성공적인 경력을 쌓다가 윌리엄슨 맥커리 인베스트먼트 파트너스의 공동 경영자가 된 로버트 윌리엄슨은 이렇게 단언했다. "줄리언 로버트슨은 항상 자신과 반대되는 관점을 찾고, 더없이 솔직한 태도로 자신의 분석이 그것보다 나은지 판단했다. 우리도 매일 그런 태도를 배우려고 노력하고 있다".

그러나 대부분의 행동 편향이 그렇듯이, 답은 비교적 명백해도 그 해결책을 실행에 옮기는 것은 훨씬 어려운 일이다.

투자하는 마음

확증 편향의 위험에서 자신을 보호하려고 노력한 대표적인 투자자가 있다. 페어홈 캐피털 매니지먼트의 브루스 버코위츠는 투자 결정을 뒷받침하는 정보가 아니라 그 회사를 망가뜨리는 정보를 찾으려고 노력한다. 그는 이에 대해 다음과 같이 말했다.

> 우리는 회사를 살펴보고, 돈을 센 뒤, 어떻게 하면 그 회사를 망가뜨릴 수 있을지 고민한다. …… 경기가 침체하거나 스태그플레이션이 발생하거나 금리가 급상승하거나 핵폭탄이 터졌을 때 그 회사에서 잘못될 가능성이 있는 부분이 어디인지 오랫동안 심사숙고한다. 우리는 최고의 아이디어를 망치기 위해 온갖 방법을 다 동원한다. 그런데도 망가뜨릴 수 없다면 정말 괜찮은 것을 발견한 것이다. 당신도 힘든 시기에 대비하는 기업, 특히 힘든 시기를 잘 관리할 수 있는 경영진이 있는 회사에 투자하고 싶다면, 이런 숙고의 시간을 거쳐야 한다. 그런 시간을 통해 위대함의 씨앗이 뿌리를 내리기 때문이다.

버코위츠는 여기서 한 걸음 더 나아가, '기업이 망하거나 망가지는 방법'의 목록까지 제시한다.

> "기업이 파멸하는 방법은 다음과 같다. 현금 수익을 내지 못하거나, 현금이 고갈되거나, 차입금이 지나치게 많거나, 러시안 룰렛식 경영을 하거나, 경영진이 멍청하거나, 이사회가 제 기능을 못하거나, 사업을 문어발식으로 확장하거나, 자사주를 너무 비싸게 매입하거나, GAAP 회계를 거짓으로 처리할 경우이다".

투자자들은 버코위츠가 신봉하는 방식을 통해 많은 것을 배울 수 있다. 이는 기본적으로 투자 관점을 뒤집는다(5장에서 살펴본 역설계 DCF와 유사하다). 버코위츠는 모든 게 잘 되어가고 있다는 증거를 찾기보다는 일이 잘못될 수도 있는 가능성을 살펴보면서 자신을 보호한다. 불리한 면보다는 괜찮은 부분이 있으면 깜짝 놀라는 비관론자들처럼 말이다(이는 결코 나쁜 일이 아니다).

CHAPTER

9

종신 비관론자와
종신 낙관론자의 위험성

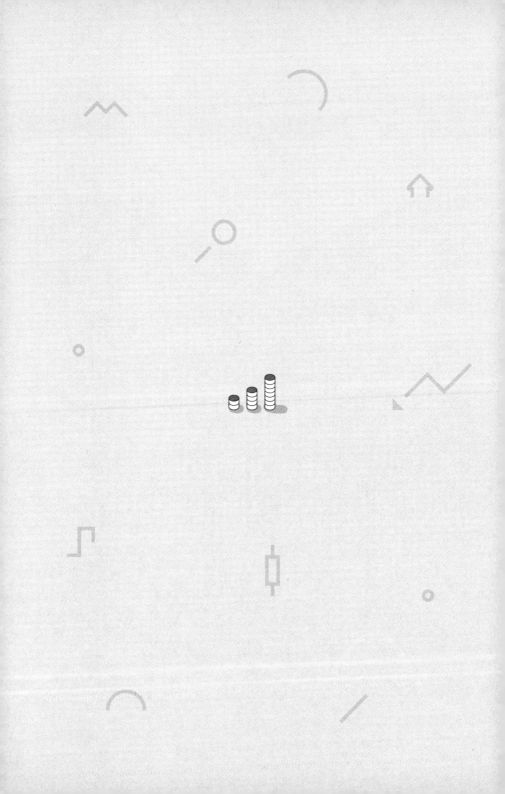

당신을 기다리는 또 다른 게임이 있다.

수백만 개의 포커 칩이 가득 찬 항아리 두 개가 있다고 해보자. 한쪽 항아리에는 빨간색 칩이 70퍼센트, 파란색 칩이 30퍼센트 들어 있다. 다른 쪽 항아리는 그 비율이 반대라서 파란색 칩이 70퍼센트, 빨간색 칩이 30퍼센트다. 이 항아리 가운데 하나를 무작위로 선택해서 칩 12개를 꺼내 보니, 빨간색 칩 8개와 파란색 칩 4개가 나왔다. 이 칩들이 빨간색 칩이 많은 항아리에서 나왔을 확률은 얼마나 될까? (퍼센트로 답해야 한다.)

대부분의 사람들은 70에서 80퍼센트 사이의 수치를 말하는데 놀랍게도 정답은 무려 97퍼센트다. 이 답을 얻으려면, 새로운 증거가 나타났을 때 기존 이론이 사실일 가능성이 어떤 영향을 받는지 보여주는 '베이즈 정리'라는 비교적 간단한 공식을 적용하면 된다. 그러나 이 문제를 제대로 맞히는 사람은 거의 없다. 대부분 답을 너무 보수적으로 예상한다.

이런 보수적인 경향은 이상한 수학 문제에서만 나타나는 게 아니다. 현실 세계에서도 고개를 쳐든다. 헤지펀드 시브리즈의 대표이자 투자 전략가인 더그 카스가 2009년 5월 27일에 〈리얼머니 실버 RealMoney Silver〉에 기고한 글에는 보수주의의 문제점이 잘 요약되어 있다. 여기서 카스는 종신 낙관론자(시장이 항상 강세일 것이라고 예상하는 사람) 또는 종신 비관론자(시장을 항상 부정적으로 예측하는 사람)가 되는 것의 위험성을 경고한다.

나는 종신 비관론자와 종신 낙관론자는 모두 돈을 잘 버는 사람이 아니라 그저 이목을 끄는 사람이라고 생각한다. 사람들은 종종 내가 종신 비관론자 모임의 회원이라고 비난하지만, 이들은 결코 돈을 벌지 못한다. 아이러니하게도, 금융 자산을 관리하는 사람들 중에는 종신 비관론자가 거의 없다. 예를 들어, 규모가 가장 크고 인지도도 가장 높은 공매도 기관인 키니코스의 짐 채노스는 종신 비관론자가 아니다. 채노스는 이미 망가졌거나 망가지고 있는 비즈니스 모델을 체계적으로 조사해서 찾아낸다. 그리고 시장과 기업이 안고 있는 고유의 리스크나 보상도 제대로 이해하고 있다.

종신 비관론자 중에는 돈을 굴리는 사람보다 시황 안내서 작성자나 투자 전략가, 전략가로 돌아선 경제학자 등이 많은데 이들은 시장의 성패에는 관심이 없다. 이들은 또 경기가 안 좋을 때면 거액을 받고 강연을 하거나 <파이낸셜 타임스>, <뉴욕타임스>, <월스트리트저널> 등에 사설을 쓴다.

그에 비해 금융 자산 관리자가 하는 일은 독단적이지 않고…… 친구를 사귀거나 돈을 벌기 위해서 하는 일도 아니다. 종신 비관론자는 변덕스러우며, 특히 마음을 바꾸려고 하는 이들을 배척하고 추방하는 일에 열심이다. 한때 종신 비관론자였다가 변절한 자들은 화를 당할지어다!

요약하자면, 종신 비관론자는 가까운 친척인 종신 낙관론자와 마찬가지로 돈을 거의 벌지 못하며, 그들이 잘 알 것 같은 경기 침체기에도 대체로 한 가지 입장만 계속 고수하기 때문에 그들의 말을 귀담아들을 필요가 없다. 오히려 당신의 재정 건전성에 해가 될 수도 있다.

나는 낙관론으로 돌아선 '종신 비관론자'에게 가해지는 위험에 대한 카스의 견해에 크게 공감한다. 2장에서 자세히 설명한 것처럼, 오랫동안 시장을 신중하게 지켜보던 나는 2008년 후반에 낙관론자로 돌아섰고, 2009년 3월에는 특히 미국 이외 지역의 시장들이 전반적으로 매우 저렴하다고 생각했다. 하지만 이런 견해를 드러내자 '종신 비관론자'인 고객들은 실제로 항의 메일을 보내기도 했다.

또 직장에서 보수주의를 직접 경험한 적도 있다. 당시 나는 투자은행의 자산 배정팀에 속해 있었다. 우리 팀은 서로 의견을 나누기 위해 자주 뭉치곤 했다. 대개 근처 술집에 가서(업무와 관련된 토론을 하기에 아주 적합한 장소는 아니지만) 맥주를 몇 잔 마시면서 가볍게 대화를 나눌 수 있는 분위기를 조성했다. 그리고 우리가 옳은 결정을 내린 부분(별로 시간이 오래 걸리지 않았다)과 잘못된 판단을 한 부분(시간이 훨씬 많이 걸렸다)에 대해 얘기하고, 마지막으로 우리가 그릇된 결정을 내린 이유는 무엇이고 가까운 미래에 올바른 투자 결정을 내리려면 어떻게 해야 하는지 토론했다! 이는 오후 시간을 보내기에는 좋은 방법이지만, 좋은 결정을 내리는 데는 아주 형편없는 방법이라고 보장할 수 있다.

우리는 전형적인 보수주의자의 면모를 드러냈다. 스스로의 견해에 너무 오래 매달렸고 바로잡는 속도도 몹시 느렸다.

보수주의 때문에 괴로움을 겪는 것은 우리만이 아니다. 심리학자들을 대상으로 진행한 한 심리학 연구*(확실히 뭔가 뒤틀린 느낌이다)에서, 참가자들에게는 임상 심리적인 도움을 구하는 조지프 키드라는 젊은 남자의 프로필이 주어졌다.

첫 번째 단계에서 심리학자들은 키드에 대한 아주 간략한 인구통계학을 바탕으로 한 분석 자료를 검토할 수 있었다. 키드는 29살의 백인이고 미혼이며 제2차 세계대전 참전용사였다. 또 대학을 졸업했고 지금은 꽃 장식 업체에서 사무 보조로 일하고 있었다.

각 단계의 설명을 들은 후 심리학자들은 키드의 행동 패턴, 태도, 관심사, 그리고 실생활 속에서 일어나는 사건에 대응하는 전형적인 방식에 대한 질문에 답해야 했다. 1단계에서는 이후의 단계와 비교할 기준 비율을 정하기 위해 일부러 최소한의 정보만 제공했다. 2단계에서는 키드의 12살까지의 유년기와 관련된 정보를 한 페이지 반 정도 추가했다. 3단계에서는 그의 고등학교와 대학 시절 경험에 관한 정보 두 페이지가 추가됐다. 마지막 단계의 정보는 그의 군복무 시절과 현재까지의 삶에 대한 것이었다.

앞의 내용을 주의 깊게 읽었다면, 여기서 어떤 패턴이 나타났는지 알아차렸을 것이다. 1단계 정보를 받은 뒤의 평균적인 정확도는 25퍼센트를 조금 넘었지만, 3단계 종료 시의 최종적인 평균 정확도는 28퍼센트 미만이었다. 정보가 늘어나도 정확도는 조금밖에 높아

---

* S. Oskamp, "Overconfidence in Case-Study Judgements," 〈상담 심리학 저널(Journal of Consulting Psychology)〉 29 (1965): 261-265.

투자하는 마음

지지 않지만 자신감은 폭발적으로 증가했다(7장의 다른 연구에서 본 것처럼). 1단계에서는 평균 33퍼센트였던 자신감이 4단계에서는 평균 53퍼센트로 치솟은 것이다.

더 흥미로운 사실은 각 단계에서 생각을 바꾼 심리학자의 수도 모니터링했는데, 정보의 양이 늘어난 뒤 마음을 바꾼 참가자 수가 2단계 때는 40퍼센트였다가 4단계에는 25퍼센트로 줄었다는 것이다. 연구진의 결론처럼, 심리학자들은 처음에 입수한 단편적인 정보를 바탕으로 정형화된 결론을 내린 다음, 새로운 정보가 생겨도 결론을 바꾸기를 주저하는 경우가 많은 듯하다. 다시 말해 심리학자들은 결정을 빨리 내리고, 한번 내린 결정은 바꾸려 하지 않는다. 이는 앞에서 살펴본 확증 편향과 보수주의의 상호작용을 보여주는 좋은 사례다.

📈 시장의 전환점을 놓치는 이유

자신의 견해를 너무 오래 고수하는 이런 행동의 위험은 금융계에서도 자주 볼 수 있다. 예를 들어, 그림 9.1은 애널리스트들이 한 가지 일에 특히 능하다는 사실을 보여주는데, 그것은 바로 방금 일어난 일을 말해주는 것이다.

그림 9.1의 차트는 영업 이익 추세를 제거한 뒤 애널리스트가 해

| 그림 9.1 | 현실에 뒤처지는 애널리스트

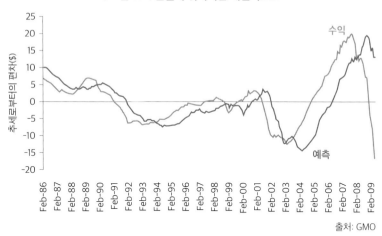

출처: GMO

당 이익을 예측해서 주당 달러 기준으로 추세와의 편차를 표시하도록 구성되어 있는데 애널리스트들이 현실에 뒤처진다는 사실을 확실하게 보여준다. 그들은 자기가 틀렸음을 증명하는 반박할 수 없는 증거가 있을 때만 마음을 바꾸는데, 그것도 아주 천천히 바꾼다. 이런 과정을 '앵커링'과 '느린 조정'이라고 한다.

2008년은 많은 면에서 금융 보수주의의 사례 연구라 할 수 있다. 전 세계 주요 경제국을 모두 덮친 경기 침체는 마치 기차가 전복되는 모습을 슬로 모션으로 지켜보는 것처럼 무시무시했다. 내가 일하던 투자 은행의 리서치 책임자는 애널리스트들이 항상 현실에 뒤처져 있음을 보여주고 더 잘하도록 부추기기 위해 내가 만든 위와 같은 차트를 보여줬다. 애널리스트들은 이 차트의 의미를 이해한 듯했고, 수치를 수정하기 위해 자리로 돌아갔다. 하지만 그들이 가장 먼저 한 일은 자기가 담당하는 회사에 전화를 건 것이었다(마치 그들이 우리보다 더 많이 알고 있기라도 한 것처럼 말이다). 그 회사들은 별일 없다는 듯이, 자기네는 불경기의 영향을 받지 않을 것이라고 말했다. 이 말을 들은 애널리스트들은 우리에게 다시 돌아와서 수치를 수정할 수 없다고 말했다.

기업 보도 자료에서 발췌한 다음의 내용은 이런 태도를 전형적으로 보여준다. 첫 번째는 자신들을 "산업별 솔루션(은행, 인력, 부동산)" 전문가라고 설명하는 회사의 보도 자료에 나온 내용이다.

> 당사는 포지셔닝 과정에서 올바른 선택을 했으며, 기술 개발뿐만 아니라 아웃소싱 및 기업 합병 추세를 이용해 성공적인 비즈니스 모델을 구현했습니다. 당사는 이 비즈니스 모델이 요즘 자주 거론되는 주기적인 경기 침체의 영향을 받는다고 생각하지 않습니다.

하지만 내가 개인적으로 가장 좋아하는 내용은 다음과 같은 것이다.

> 당사는 투자자들이 현재의 경제 상황을 우려한다는 것을 잘 알고 있습니다. 하지만 앞으로도 계획한 대로 사업을 수행할 수 있을 것이라는 예측에는 변함이 없습니다······ 지난 2년 동안은 이런 고객 이니셔티브가 당사 솔루션에 대한

투자를 이끌어왔으며, 더 힘든 경제 환경에서 고객들의 솔루션 이용은 가속화될 것이라고 믿습니다.

이 회사가 하는 말의 본질적인 의미는, 자기의 사업에는 불황이 필요하다는 것이다(파산 관재인도 아니면서!). 이런 식의 설명은 쥐에게 방사선을 투여한 뒤 살아남은 쥐가 더 강하다고 결론짓는 비뚤어진 과학 실험을 연상시킨다. 그 쥐들은 물론 살아남지 못한 쥐보다는 강하겠지만, 방사능에 노출되기 전보다 강하지 않은 건 분명하다!

이를 통해 왜 애널리스트가 매수 추천에서 매도 추천으로 의견을 바꾸거나 매도 추천에서 매수 추천으로 의견을 바꾸는 경우가 거의 없는지 알 수 있다. 애널리스트의 추천 목록을 보면 대개 매수에서 추가 매수, 보유, 비중 축소, 매도까지 완만한 변화가 진행된다. 물론 그들이 매도를 추천할 때쯤 되면 보통은 다시 매수 의견을 내놓아야 하는 시기가 돌아오곤 한다.

보수주의에 대한 고전적 연구*(본 장 첫머리에서 소개한 항아리 게임을 실시한)에서는 다음과 같은 말로 분석을 마무리한다. "편리한 첫 번째 데이터 근사치에 따르면, 피실험자가 의견을 바꾸도록 유도하려면 한 개의 경험적 지식을 대체할 2~5개의 경험적 지식이 필요하다". 다

---

* Ward Edwards, "Conservatism in Human Information Processing," (1968), Kahneman, Slovic, Tversky, 《불확실한 상황에서의 판단(Judgement under Uncertainty: Heuristics and Biases)》(Cambridge University Press, 1982).

시 말해, 사람들은 마음을 바꾸도록 유도하는 것들에 미온적인 반응을 보이는데 이는 일반적인 애널리스트들에게도 해당되는 말이다.

또 사람들이 상황 변화를 감지하는 데 매우 서투르다는 사실도 알 필요가 있다. 연구진*은 위의 문제에 나온 것과 같은 항아리를 이용한 일련의 실험을 통해, 불안정한 환경에서는 사람들이 확실한 신호(전환점)가 있어도 미온적으로 반응하지만 안정적인 환경에서는 잡음이 심한 신호(시장 트렌드 변화)들에 과민 반응하는 경향이 있다는 사실을 보여줬다.

이는 경제학자와 애널리스트가 시장 전환점을 놓치는 이유를 설명하는 데 도움이 된다. 그들은 안정된 환경에서는 전전긍긍하면서 과민 반응을 보인다. 그러다가 환경이 불안정해지면(불황이 시작되면) 변화에 미온적으로 대처하다가 중요한 일을 놓치고 마는 것이다.

📈 보수주의의 근원, 매몰 비용

그렇다면 왜 애널리스트와 다른 사람들은 자기 생각을 바꾸려고 하지 않는 것일까? 이 보수주의의 근본 원인은 무엇일까? 아무래도 '매몰 비용' 오류에 답이 있는 듯하다. 이는 과거에 이미 발생해서 회

---

* C. Massy & G. Wu, "Detecting Regime Shifts: The Causes of Under- and Overreaction," 〈경영 과학(Management Science)〉 51 (2005): 932-947.

복이 불가능한 비용이 현재의 결정에 영향을 미치는 것을 말한다. 거칠게 말하자면, 어떤 견해를 얻기까지 들인 시간과 노력이 아까워서 그 견해를 놓지 못하는 것이다.

다음과 같은 시나리오를 생각해보자.* 항공사 사장인 당신이 회사 자금 1,000만 달러를 연구 프로젝트에 투자했다. 이 연구의 목적은 기존 레이더로는 탐지되지 않는 비행기인 스텔스기를 만드는 것이다. 그런데 프로젝트가 90퍼센트 완료된 상태에서, 다른 회사가 레이더가 탐지하지 못하는 비행기를 홍보하기 시작한다. 게다가 그 비행기는 당신의 회사에서 만들고 있는 비행기보다 훨씬 빠르고 경제적이다. 여기서 문제는, 스텔스기를 완성하기 위해 남은 10퍼센트의 연구비를 계속 투자할 것인가다.

응답자의 80퍼센트 이상이 스텔스기 완성을 위해 남은 연구비 10퍼센트를 투자할 것이라고 답했다.

또 다른 시나리오를 살펴보자. 항공사 사장인 당신이 직원에게 어떤 제안을 받았다. 남은 연구 자금 100만 달러로 기존 레이더에 포착되지 않는 스텔스기를 만들자는 제안이었다. 하지만 다른 회사에서 레이더로 탐지할 수 없는 비행기를 막 판매하기 시작한 참이다. 또 그 비행기는 당신 회사에서 만들 수 있는 비행기보다 훨씬 빠르고 경제적인 게 분명하다. 당신이라면 직원의 제안대로 남은 연구

---

*　H. Arkes & C. Blumer, "The Psychology of Sunk Costs," 〈조직 행동 및 인간의 의사결정 프로세스(Organizational Behavior and Human Decision Processes)〉 35 (1985): 124-140.

136
······
투자하는 마음

비 100만 달러를 투자해서 레이더에 걸리지 않는 비행기를 만들겠는가?

이번에는 응답자의 80퍼센트 이상이 그러지 않을 것이라고 답했다.

이 두 가지 질문 사이에는 실질적인 차이가 거의 없다. 그러나 첫 번째 시나리오의 경우, 프로젝트에 이미 자금을 투입한 상태이기 때문에 매몰 비용 프레임이 작동하는 반면, 두 번째 시나리오에는 그런 것이 없다. 이런 단순한 차이가 답변에 큰 영향을 미치는데 이는 매몰 비용의 힘과 그것이 보수주의의 원인이 된다는 사실을 강조한다.

이런 보수주의를 막으려면 어떻게 해야 할까?

앞에서 예전에 내가 속했던 팀이 자산 배분 결정을 분석한 방식에 대해 얘기했다. 기존 견해를 고수하기보다는 빈 종이를 꺼내놓고 투자 방향이 아직 결정되지 않았다고 상상하면서 "지금 알고 있는 정보를 감안할 때, 주식을 새로 매입하거나 갖고 있는 주식을 파는 게 좋을까?"라고 자문해보는 것이다. 답이 긍정적이고 현재의 투자 방향과 일치한다면 그대로 두어도 좋다. 하지만 부정적인 답이 나왔는데도 기존의 투자 방향을 유지하고 있다면 당장 바꿔야 한다.

다들 자신의 투자 상황을 재검토하면서 백지상태로 접근해야 한다. 현재의 투자 방향이 잘못된 가정(즉 지속적인 이윤 확장 등)을 기반으로 하는가? 지금도 그게 사실이라고 믿는가? 아니면 뭔가를 놓친 것일까? 후자의 경우에는 아마도 자꾸 추천 종목을 바꾸는 애널리스트들을 비난하기보다 용서하면 보수주의 편향에서 벗어나는 데 도움이 될 것이다.

물론 백지상태에서 다시 시작하는 것은 말은 쉬워도 실행하기는 힘든 일이다. 따라서 직무를 바꿔보는 것이 좋은 대안이 될 수 있다. 애널리스트는 직업적인 환경에서 본인의 투자 사례보다 동료의 투자 사례를 검토하고 그와 반대되는 통찰을 제시해야 한다. 이 방법은 자기가 선택한 투자 의견이라는 이유만으로 그 의견을 유지하려는 성향을 조금 바꾸는 데 도움이 된다.

보수주의를 물리치기 위한 또 하나의 방법은 일부러 반대 입장을 취하는 것이다. 즉 몇몇 사람들이 일부러 당신의 의견과 반대되는 의견을 낸 뒤, 자신의 생각에 의문을 제기하는 것이다. 오크마크 펀드의 에드워드 스터진스키도 보수주의 문제를 개선할 수 있는 이런 접근법을 좋아한다.

우리는 대규모 보유 자산 전체에 대해 정기적으로 반대 의견을 검토하면서, 해당 자산과 관련이 없는 애널리스트가 부정적인 의견을 제시하도록 한다. 이 과정은 일반적인 토론보다 훨씬 치열하게 진행되며, 반대 의견을 내는 사람은 그런 부정적인 의견이 옳다고 진심으로 믿어야 한다. 우리도 물론 실수를 많이 저지르지만, 이런 훈련은 실수를 저지르는 빈도와 그로 인해 발생하는 심각한 문제를 줄여준다. 투자에서는 그것이 가장 중요한 단계다.

전설적인 헤지펀드매니저인 마이클 스타인하트는 아마 가장 극단적인 방법으로 보수주의에 대응한 사람일 것이다. 스타인하트는 자서전《노 불No Bull》에서 이렇게 말했다.

나는 날마다 포트폴리오를 새로운 시선으로 바라보려고 노력했다……. 때로는…… 포트폴리오 규모를 늘리지 않겠다고 결심했다. 우리가 시장 추세를 따르지 않는 듯했고 보유 주식에 대한 확신도 저마다 달랐기 때문에, 차라리 새로 시작하는 편이 낫겠다고 생각했다. 그래서 골드만삭스나…… 살로몬 브라더스에 전화를 걸어 우리가 보유한 주식을 모두 팔아 달라고 요청했다. 그러자 이 회사들 중 하나가 신속한 거래를 통해 우리 주식을 모두 처리해줬다……. 순식간에 보유 주식을 모두 처분한 것이다. 때로는 이렇게 현금만 보유한 상태에서 모든 것을 다시 시작해, 우리가 가장 신뢰하는 기업 주식으로 새로운 포트폴리오를 구성하고 그저 그런 주식은 모두 팔아버리는 것이 새로운 힘을 주는 듯이 느껴졌다.

포트폴리오를 전부 팔아버린다는 게 다소 극단적으로 들릴 수도 있지만, 행동 편향을 극복하는 데는 좋은 방안이 될 수도 있다. 단순히 자기 견해라는 이유로 거기 계속 매달리다 보면 낭패를 볼 수 있다. 케인스는 이렇게 말했다. "나는 사실 관계가 바뀌면 그에 맞춰 생각도 바꿉니다. 당신은 어떻게 하십니까?"

10

내러티브 오류의
무서운 이야기

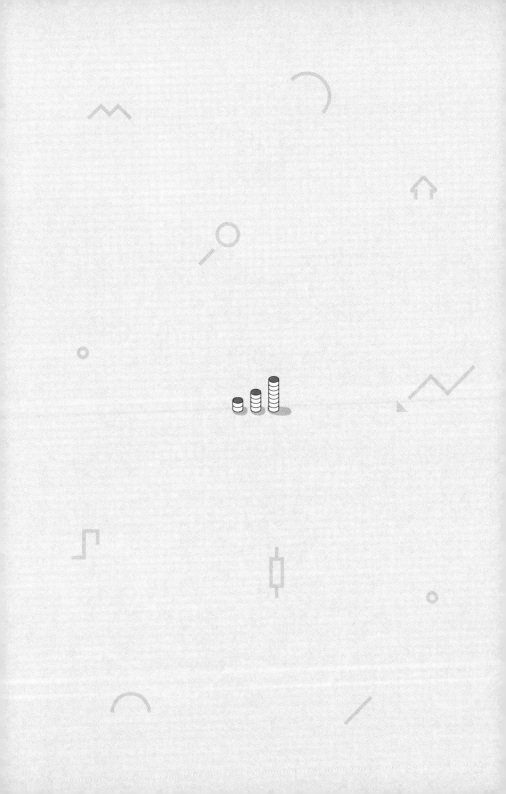

투자자들이 직면한 모든 위험 가운데 유혹적인 이야기보다 더 위험한 것은 없을 것이다. 이야기는 기본적으로 우리가 생각하는 방식을 지배한다. 우리는 듣기 좋은 이야기에 홀리면 증거가 없어도 믿어버린다. 투자 전문가 나심 니콜라스 탈레브는 이렇듯 이야기에 속아 넘어가는 경향을 '내러티브 오류'라고 부른다. 그는 《블랙 스완The Black Swan》이라는 책에서 이렇게 말했다. "이 오류는 확대 해석에 취약하고 날것 그대로의 진실보다는 잘 짜인 이야기를 좋아하는 인간의 성향과 관련이 있다. 이 오류는 세상에 대한 우리의 정신적 표상을 심각하게 왜곡시킨다".

이야기의 위험성을 설명하기 위해, 당신이 1급 살인 재판에 참여하게 된 배심원이라고 해보자. 이 재판은 검찰 측과 피고인이 각자 자신의 견해를 주장하는 여느 재판과 다를 게 없다. 하지만 배심원인 당신은 이 사건을 찬찬히 심의할 필요 없이 그냥 피의자가 유죄라고 생각하는지 아니면 무죄라고 생각하는지만 적어내면 된다. 배심원의 63퍼센트가 피고가 유죄라고 생각한다고 가정해보자.*

이제 똑같은 상황이 약간 다르게 전개된다고 상상해보자. 첫 번째 경우에는, 검찰은 이야기를 할 수 있지만 피고 측은 검찰의 주장을 반박할 때 목격자의 증언만 사용할 수 있다. 그래도 정보를 제공

---

* N. Pennington & R. Hastie, "Explanation-Based Decision Making," 〈실험 심리학 저널: 학습, 기억, 인지(Journal of Experimental Psychology: Learning, Memory and Cognition)〉 14 (1988): 521-533.

하는 방식만 달라졌을 뿐, 드러나는 사실은 동일하다. 검찰은 잘 정리된 순서에 따라 사실관계를 설명할 수 있지만, 피고 측은 증인들이 증언할 때 무작위로 튀어나오는 사실에 의존해야 한다. 이성적인 세상에서라면 이는 별로 중요하지 않을 것이다. 하지만 이 상황에서 피고가 유죄라고 대답한 이들이 얼마나 될지 맞춰보라. 자그마치 78퍼센트나 됐다!

자, 이제 역할을 바꿔보자. 이번에는 피고 측은 이야기를 할 수 있지만, 검찰은 증인에게 의지해서 자신들의 주장을 뒷받침해야 한다. 이런 상황에서 피고인이 유죄라고 생각하는 배심원 비율은 얼마나 될까? 31퍼센트로 크게 낮아졌다. 이는 이야기가 우리에게 미치는 힘을 분명하게 보여주는 좋은 예다. 1급 살인죄의 유무죄를 판단하는 사람들 가운데 50퍼센트가 이야기를 들었는지 여부에 따라 의견이 달라진 것이다.

의학 분야에서도 이와 유사한 무서운 사례를 찾아볼 수 있다.* 이번에는 실험 참가자들에게 치료 효능에 대한 정보를 제공하면서 기저율 정보라고 하는 전반적인 완치 비율(30~90퍼센트)을 알려줬다. 그리고 긍정적일 수도 있고 부정적일 수도 있는 모호한 이야기도 하나 들려줬다.

---

* A. Freymuth & G. Ronan, "Modeling Patient Decision-Making: The Role of Base-Rate and Anecdotal Information," 〈의료 환경 임상 심리학 저널(Journal of Clinical Psychology in Medical Settings)〉 11 (2004): 211-216.

긍정적인 이야기는 다음과 같다. 환자인 팻은 타목솔이라는 약을 쓰기로 결정했고 이를 통해 좋은 결과를 얻었다. 병균이 완전히 사라진 것이다. 의사들은 그 병이 재발하지 않을 것이라고 확신했다. 한 달간의 치료를 마친 팻은 완쾌됐다.

부정적인 이야기는 다음과 같다. 타목솔 치료를 받기로 한 팻의 결정이 좋지 않은 결과를 가져왔다. 병균이 완전히 사라지지 않아서 병이 재발한 것이다. 한 달간 치료를 받은 팻은 실명했고 걸을 수도 없게 되었다.

이야기를 들은 실험 참가자들에게 팻과 같은 질병에 걸리면 치료를 받겠냐고 물었다. 이들은 당연히 치료를 받은 모든 이들의 표본이 포함된 치료 효능에 대한 기저율 정보에 의존해야 했다. 하지만 실제로 그렇게 했을까?

물론 그러지 않았다. 입증되지 않은 일화성 이야기를 들은 이들은 기저율 정보를 무시했다. 일례로 참가자들에게 긍정적인 이야기를 해주면서 치료 효과가 90퍼센트라고 말하면, 그중 88퍼센트가 치료를 받겠다고 했다. 하지만 부정적인 이야기를 들은 뒤에 치료 효과가 90퍼센트라고 했을 때는 39퍼센트만 이 치료법을 택했다.

반대로, 그 치료법의 효과가 30퍼센트밖에 안 된다고 하면서 부정적인 이야기를 들려주자 치료를 받겠다는 사람이 7퍼센트로 줄었다. 하지만 낮은 치료 효과와 긍정적인 이야기를 결합시키자 78퍼센트가 치료를 받겠다고 했다. 이렇게 치료 효능에 대한 증거는 이야기의 힘 앞에서 완전히 무시당했다.

좀 이상하게 들리겠지만, 가격은 그 자체로 이야기와 같은 힘을 발휘할 수 있다. 예를 들어, 1회 복용분의 가격이 2.5달러인 진통제와, 똑같은 진통제를 할인해서 단돈 10센트에 파는 것 중에서 효과가 더 좋은 건 어느 쪽일까?* 물론 합리적으로 생각하면 둘 다 똑같은 효과를 발휘해야 한다(특히 실험에서 사용한 알약은 모두 설탕으로 만든 위약이기 때문에 더욱 그렇다). 하지만 당신이 짐작한 대로, 참가자들은 이 두 가지 알약에 매우 다른 반응을 보였다. 비싼 2.5달러짜리 약을 먹은 사람들의 경우, 약 85퍼센트가 약을 먹은 후 통증이 줄었다고 말했다. 그러나 10센트짜리 약을 먹은 이들의 경우 진통제가 효과적이라고 말한 건 전체의 61퍼센트뿐이었다.

약보다 술을 더 선호한다면, 다음과 같은 가격 이야기를 생각해 보자.** 실험 참가자들에게 와인을 시음하게 하면서 처음 시음한 와인은 한 병에 10달러짜리고, 두 번째로 시음한 와인은 한 병에 90달러짜리라고 말했다. 이런 부러운 실험에 참가한 이들은 대부분 90달러짜리 와인이 10달러짜리 와인보다 거의 두 배 더 맛있다고 말했다. 하지만 한 가지 문제가 있었으니, 이들이 마신 10달러짜리 와

---

* R. L. Waber, B. Shiv, D. Ariely, "Commercial Features of Placebo and Therapeutic Efficacy," 〈미국 의사협회 저널(Journal of the American Medical Association)〉 299 (2008): 1016-1017.

** H. Plassmann, J. O'Doherty, B. Shiv, A. Rangel, "Marketing Actions Can Modulate Neural Representations of Experienced Utility," 〈미국 국립과학원 연보(Proceedings of the National Academy of Science)〉 105:3 (2008): 1050-1054.

인과 90달러짜리 와인이 실은 똑같은 제품이었다는 것이다! 사람들이 얼마나 쉽게 가격에 현혹되는지 보여주는 좋은 예다.

📈 주식과 흥미로운 이야기의 관계

주식시장에서도 비슷한 일이 벌어질 수 있을까? 투자자들은 아무리 가치주라도 스토리가 빈약하고 가격이 낮으면 기피할 가능성이 있다. 헤지펀드 투자자 조엘 그린블라트의 말처럼, 사람들이 가치투자를 피하는 이유 중 하나는 투자를 고려하는 주식과 관련한 매력적인 이야기가 없기 때문이다. 그는 "컴퓨터 화면에 뜨는 기업들은 무섭거나 실적이 안 좋아 보이기 때문에 사람들이 잘 사려고 하지 않는다"고 말했다. 〈포춘〉의 연례 조사에서 가장 '주목받은' 주식과 가장 '무시당한' 주식의 특성과 실적을 살펴본 연구진*도 이 견해를 뒷받침하는 결과를 내놓았다.

가장 주목받은 기업은 과거 주식시장에서의 성과와 재무 실적이 모두 괜찮은 기업이다. 그리고 주가가 상대적으로 비싼 경향이 있다. 가장 주목받는 기업들은 최근 2년 동안 해마다 10퍼센트씩 매출이 증가했다. 그에 비해 무시당한 주식의 경우에는 연평균 매출 성

---

* M. Statman, K. Fisher, D. Anginer, "Affect in a Behavioral Asset Pricing Model," (미발표 논문).

장률이 3.5퍼센트로 저조한 편이었다. 이런 실적을 바탕으로 주목받는 주식에는 굉장한 이야기가 덧붙여지고 가격도 높게 책정되는 반면, 무시당하는 주식에는 끔찍한 이야기가 따라다니고 가치도 낮게 평가된다. 당신은 어느 쪽을 보유하고 싶은가? 심리적으로 주목받는 주식에 매력을 느낄 것이다. 하지만 일반적으로 볼 때 무시당하는 주식 쪽이 훨씬 좋은 투자처다. 이들은 주목받는 주식뿐만 아니라 시장 전체의 실적까지 크게 웃도는 수익을 올릴 수 있다.

가치주 스펙트럼의 반대편 끝에는 매우 다른 이야기를 가진 또 다른 주식들이 있다. 바로 기업공개IPO 주식이다. 기업공개란 기업이 주식을 처음으로 주식시장에 공개 상장하는 것을 말한다. 이런 주식은 일반적으로 굉장한 이야기를 가지고 있다.

투자자들의 마음을 사로잡은 대표적인 예로 인터넷 도박 회사를 들 수 있다. 이 회사의 주식에는 흥미로운 사연이 있었다. 인터넷은 핫한 공간이고 인터넷에서 도박을 할 수 있다니 생각만 해도 짜릿했기 때문이다. 다들 이 회사의 성장 전망에 극도로 흥분했다. 투자자들은 주식을 원하는 만큼 사지 못해 안달이 났고, 결국 공모액의 14배가 넘는 돈이 몰렸다. 하지만 이는 너무나 과도한 투자였다. 이 회사 주식을 구입할 때는 안전 마진도 확보되어 있지 않았다. 결국 상장 후 회사 영업 실적이 목표에 못 미치자 불과 6개월 만에 주가가 반 토막 나서 투자자들의 원성을 샀다.

안타깝게도 이런 일은 꽤 자주 발생한다. IPO는 언제나 투자자들을 유혹해서 현금을 내놓게 만든다. 하지만 IPO는 대부분 정말 끔찍한 결과를 가져오는 투자다. 예를 들어, 1980년부터 2007년 사이에 미국에서 IPO를 진행한 기업들은 상장 후 3년 동안 시장의 연평균 수익률보다 21퍼센트나 낮은 실적을 올렸는데 대부분의 나라에서 이와 비슷한 패턴을 찾아볼 수 있다.

한 연구는 이렇게 끔찍한 실적이 나온 잠재적 원인을 조사하기 위해 6장에서 설명한 방법론을 이용했다.* 이들은 투자자들이 생각한 해당 주식의 현금 유동성 증가율을 알아내기 위해 공모가를 역설계했다. 평균 공모가는 연 33퍼센트의 성장률을 나타냈다. 하지만 이들 주식의 실제 수익은 어땠을까? 거의 재난에 가까운 상황이었다. 5년 동안의 평균적인 잉여 현금 흐름 증가율은 마이너스 55퍼센트였다. 성장하리라는 기대감 때문에 공모주를 너무 비싼 값에 구입한 것이다!

IPO가 장기적으로는 시장 평균에도 못 미치는 낮은 수익률을 올린다는 사실이 잘 알려져 있는데도 불구하고 투자자들은 계속 공모주를 산다. 이는 위에서 설명한 의학 연구 사례처럼 이야기가 증거를 압도하기 때문인 듯하다.

---

* G. M. Cogliati, S. Paleari, S. Vismara, "IPO Pricing: Growth Rates Implied in Offer Prices" (미발표 논문, 2008)

📈 희망의 자본화는 시련의 징후

성장에 대한 기대감 때문에 과다한 비용을 지불하는 문제는 IPO 에만 있는 게 아니다. 벤 그레이엄은 오늘날 희망의 자본화라고 하는 '완전히 확정되지 않은 미래의 전망을 자본화'하는 것이 갖고 있는 위험성을 경고했다. 이는 내가 투자자들과 얘기를 나누면서 가장 많이 발견하는 실수다.

투자 전략가 롭 아노트와 그의 동료들은 투자자들이 회사가 앞으로 성장할 것이라는 희망에 사로잡혀 과도한 돈을 투자한다는 사실을 깨닫고* 새로운 접근법을 활용해서 이 문제를 평가했다. 기업의 1956년도 주가를 확인한 뒤, 해당 주식이 향후 50년 동안 투자자들에게 안겨준 실제 현금 수익(배당금과 환매 수익)을 당시 주가와 비교한 것이다. 이는 완벽하게 선견지명이라고 부를 수 있는 사례다. 우리가 미래에 벌어질 일을 정확히 안다고 가정하면, 미래에 얻게 될 이익에 대해서 얼마를 지불해야 할까?

아노트는 이렇게 말했다.

시장은 어떤 회사가 복합적인 프리미엄을 받을 자격이 있는지를 놀랍도록 정

---

* R. D. Arnott, F. Li, K. F. Sherrerd, "Clairvoyant Value and the Growth-Value Cycle", 〈포트폴리오 관리 저널〉 35 (2009년 여름호): 142-157 & "Clairvoyant Value and the Value Effect," 〈포트폴리오 관리 저널〉 35 (2009년 봄호): 12-26.

투자하는 마음

확하게 골라내면서도, 성장 중인 기업의 장기적인 성공 가능성에는 언제나 지나치게 높은 가격을 지불한다. …… 하지만 성장주와 가치주의 주가에 내포된 성장 기대치의 절반은 실현되지 못하기 때문에, 투자자는 성장주의 가치보다 두 배 더 많은 프리미엄을 부담하고 주식을 사는 셈이다.

다음의 투자 사례를 통해 단순한 이야기에 내포된 위험성을 살펴보자. 신흥시장의 디커플링(어떤 국가의 경제나 환율이 전반적인 세계적 흐름과 달리 독자적으로 움직이는 현상-옮긴이) 등 다양한 사례가 있지만, 여기서는 광업 분야를 예로 들어보겠다.

2003년부터 2008년까지는 다들 중국의 성장이 끝없이 계속될 것이라고들 했다. "중국의 수요가 전 세계 원자재시장에 혁명을 일으키고 있다. 중국은 이미 미국을 제치고 철광석, 철강, 구리의 최대 소비국으로 부상했다. 중국의 영향은 누구도 막을 수 없을 것이다"라는 이야기가 사방에서 들렸다. 흔히 있는 일이지만, 이 단순한 이야기에 진실이 담겨 있다는 데는 의심의 여지가 없다. 하지만 이것이 투자 결정의 기초가 되어서는 안 된다. 그런데도 광업 부문은 중국과 깊은 관계를 맺게 되었고, 광업이 '슈퍼사이클(원자재 등 상품시장의 가격이 20년 이상 장기적으로 상승하는 추세-옮긴이)'을 주도할 것이라는 소문이 무성했다.

이 이야기를 바탕으로, 애널리스트들이 이러한 상황에 어떻게 반응했는지 알아보자. 그림 10.1은 세계 광업 분야의 주당 순익을 보여주는데 2003년부터 2007년 사이에 수익이 급증한 것을 볼 수 있다. 당신은 이런 급상승에 직면한 애널리스트들이 원래 위치로의 회귀를 예측했을 것이라고 생각할지도 모른다. 하지만 그들은 슈퍼사이클을 부풀리고 보라색 쿨에이드를 마시면서 "이번에는 다르다"고 주장했다. 애널리스트들은 광업 분야의 주가가 평상시 수준으로 돌아갈 것이라고 예측하기는커녕, 우리가 목격한 성장이 정말 경이로운 현상의 시작일 뿐이라고 말했다. 그리고 가까운 미래에 연 12.5퍼센트씩 성장할 것이라고 예상했다. 이는 기존에 달성한 성장률의 거의 두 배에 가까운 수치였다.

결국 애널리스트들의 예측은 완전히 빗나갔고 그들을 맹목적으로 따르던 투자자들은 큰 손실을 입었다. 거대한 슈퍼사이클은커녕,

| 그림 10.1 | **세계 광업 분야의 수익과 전망**

출처: GMO

세계는 대공황 이후 가장 심각한 경기 침체에 직면했다. 이런 사실은 지나고 나서야 알 수 있는 게 아니다. 성장률 전망을 일직선으로 추정하는 건 머지않아 닥칠 시련의 전형적인 징후다.

📈 유혹에 맞서는 유일한 방어책

그렇다면 세이렌이 부르는 노래처럼 달콤한 이야기의 유혹에 빠지지 않으려면 어떻게 해야 할까? 답은 비교적 간단하다. 사실에만 집중하면 된다. 미국의 형사 드라마 〈드래그넷Dragnet〉의 팬이라면 "사실만 말하세요"라는 유명한 대사를 기억할 것이다. 이야기에는 대개 감정적인 내용이 담겨 있기 때문에 빠르고 간편한 사고방식인 X-시스템에 호소한다. 보다 논리적인 사고 체계인 C-시스템을 사용하려면 사실에 집중해야 한다. 사실은 대부분 감정적으로 냉철하기 때문에 X-시스템에서 C-시스템으로 전달될 것이다.

벤 그레이엄은 "안전성은 연구와 기준을 바탕으로 해야 하고," 가치는 "인위적인 조작을 통해 정해지거나 심리적인 과잉으로 왜곡된 시장 시세가 아니라 자산, 수익, 배당, 확실한 전망 같은 사실에 의해서 정당화되어야 한다"고 주장했다. 이런 현명한 조언은 그레이엄이 1934년에 썼을 때와 마찬가지로 오늘날에도 잘 들어맞지만, 이 말에 주의를 기울이는 투자자는 거의 없다. 냉철한 사실(실제 수치에 기반을 둔)에 집중하는 것이 유혹적인 이야기에 맞서기 위한 최선의 방어책일 듯하다.

버블이 터질 때 같이
폭발하지 않는 법

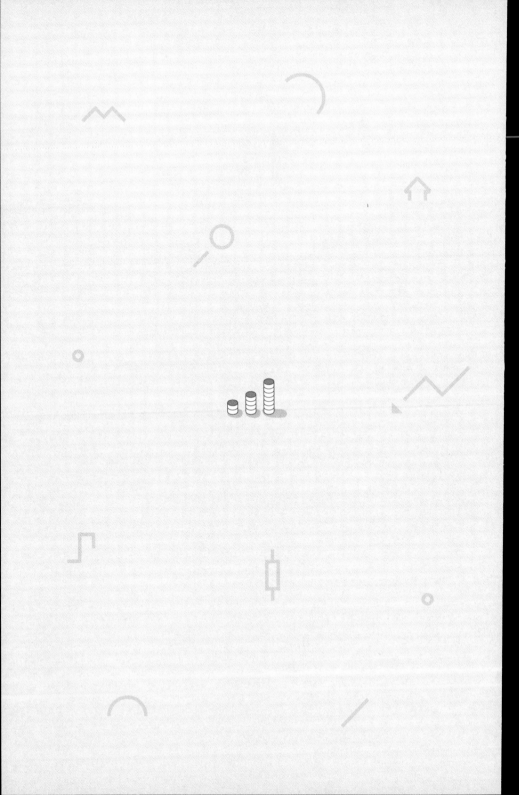

대중이 행동경제학을 접할 수 있는 가장 확실한 부분이자 가장 인지도가 높은 것이 바로 버블의 발생일 것이다.

대부분의 표준적인 금융 모델에 따르면, 버블이 실제로 존재해선 안 된다. 하지만 버블은 태곳적부터 우리 곁에 있었다. 세계 최초의 증권거래소는 1602년에 설립되었다. 그리고 최초의 주식 버블인 '남해버블 사건'은 그로부터 118년 후에 발생했다. 물론 그 이전에도 1637년에 튤립 파동이 있었다.

GMO에서는 평균 추세에서 2 표준편차 이상 벗어난 (실제) 가격 이동을 버블로 정의한다. 이제 시장 수익률이 효율적인 시장 가설에서 예측한 대로 정상적으로 분포한다면, 대략 44년마다 한 번씩 2 표준편차 사건이 발생해야 한다. 하지만 놀랍게도 1925년 이후로 30개가 넘는 버블이 발생했다. 이는 거의 3년에 한 번씩 발생한 것이나 마찬가지다. 우리는 그렇게 많은 버블을 발견했을 뿐만 아니라, 모든 버블이 터지면서 다시 2 표준편차로 돌아간다는 것도 알아냈다. 이는 84년 사이에 30번씩 일어나는 게 아니라 2000년에 한 번 일어날까 말까 해야 하는 일이다! 따라서 효율적인 시장을 신봉하는 사람들은 금기시하는 주제일 수밖에 없다.

버블을 '블랙 스완Black Swan(발생 가능성이 거의 없지만 일단 발생하면 경제에 엄청난 충격과 파장을 가져오는 사건을 말한다-옮긴이)'으로 여기는 시각도 있다. 탈레브는 블랙 스완은 아주 희귀한 사건이며 다음과 같은 세 가지 주요 특징이 있다고 밝혔다.

1. 예측할 수 없다.
2. 엄청난 영향을 미친다.
3. 사건이 일어난 뒤에야 비로소 그것이 무작위로 발생하는 사건이 아니라 예측 가능한 일인 것처럼 설명을 지어낸다.

만약 버블이 블랙 스완이라면 우리 행동에 면죄부가 생길 테니 안심할 수 있을 것이다. 하지만 그런 방어적인 태도는 책임을 포기하겠다는 얘기다. 사실 고위층 인사들도 버블이 블랙 스완이라는 생각을 지지한다. 앨런 그린스펀과 벤 버냉키도 둘 다 이런 견해를 열렬히 지지했다. 그들은 버블이 터지기 전에 진단하는 것은 불가능하다는 입장을 계속 고수했고, 따라서 중앙은행이 할 수 있는 일이라고는 모든 게 잘못된 뒤에 상황을 정리하는 것뿐이라고 주장했다.

📈 예측 가능한 놀라움을 가로막는 장벽

물론 그린스펀과 버냉키의 말은 헛소리에 불과하다. 책임을 회피하려는 것이다. 버블과 그게 터지는 건 블랙 스완이 아니다. 그것은 '예측 가능한 놀라운 사건'일 뿐이다.* 모순되는 말처럼 들리겠지만

---

* M. Bazerman & M. Watkins, 《Predictable Surprises: The Disasters You Should Have Seen Coming and How to Prevent Them》(Cambridge, MA: Harvard Business Press, 2004).

그렇지 않다. 예측 가능한 놀라움에는 다음과 같은 세 가지 본질적인 특징이 있다.

1. 적어도 몇몇 사람들은 그 문제를 인식하고 있다.
2. 시간이 갈수록 문제가 심각해진다.
3. 결국 그 문제가 폭발해 위기가 발생하면서 많은 이들이 충격을 받는다.

예측 가능한 놀라움의 문제점은 큰 재난이 닥칠 것이 분명하지만, 그 재난이 발생하는 시기가 매우 불확실하다는 것이다.

2007~2008년의 금융 위기를 예로 들어보자. 1월 GMO의 제러미 그랜섬은 이 위기를 역사상 가장 많은 사람들이 예측한 위기라고 말했다. 위험을 경고하는 예언자 카산드라들의 불협화음이 줄지어 들려왔다. 심지어 연방준비제도이사회의 몇몇 이사들도 대출 기준이 너무 방만하다고 경고했다. 예일대학 경제학과 교수 로버트 실러는 2005년에 《비이성적 과열Irrational Exuberance》이라는 저서의 개정판을 출간하면서 주택시장에 관한 장을 새롭게 추가했다. 대서양 반대편에 있던 나도 2005년에 미국 부동산 시장이 전형적인 투기장의 특성을 모두 드러내고 있다고 주장하는 논문을 썼다.

앞에서는 예측이 어리석은 짓이라고 주장하더니 이제 와서 신용 버블의 위험성을 경고하는 이들에 대해 얘기하는 것이 이상하게 보일 수도 있다. 하지만 분석과 예측은 명백히 다르다고 생각한다. 벤 그레이엄의 말처럼, "분석은 입수 가능한 사실을 신중하게 연구하고, 확립된 원칙과 건전한 논리에 따라 결론을 도출하는 것이나".

그렇다면 무엇 때문에 예측 가능한 놀라움을 알아차리지 못하는 것인가 하는 중요한 의문이 생긴다. 적어도 다섯 가지 중요한 심리적 장애물이 우리를 방해하는데, 그중 일부는 앞에서 이미 살펴본 것들이다. 첫째, 우리의 옛 친구인 낙천주의가 있다. 사람은 누구나 자기가 음주 문제를 겪거나, 이혼을 하거나, 직장에서 해고될 가능성이 평균보다 낮다고 생각한다. 긍정적인 면을 보는 이런 경향 때문에 예측 가능한 놀라움이 가져오는 위험을 보지 못하는 것이다.

우리는 과잉 낙관주의뿐만 아니라, 통제할 수 없는 사건의 결과에 영향을 미칠 수 있다고 믿는 통제의 환상에도 시달리고 있다. 이런 경향은 VaR(발생 가능한 최대 손실 금액) 같은 유사 금융학에서 많이 볼 수 있다. 위험을 수량화할 수 있으면 그것을 통제할 수도 있다는 생각은 현대 금융학의 큰 오류 중 하나다. VaR은 주어진 확률을 이용해서 투자한 금액을 얼마나 잃을 수 있는지 예측한다. 예컨대 하루 최대 손실액을 95퍼센트의 확률로 예상하는 것이다. 이런 리스크 관리 기술은 사고가 나지 않았을 때만 작동이 보장되는 에어백이 달린 자동차를 사는 것과도 같다. 하지만 앞에서 본 것처럼, 숫자를 제시하는 것만으로도 더 안전하다고 느끼게 할 수 있다. 이것이 바로 안전에 대한 환상이다.

예측 가능한 놀라움을 발견하지 못하도록 가로막는 세 번째 장애물은 자기에게 유리한 방향으로 정보를 해석하고 행동하려는 타고난 욕구인 이기적 편향이다. 앞에서 인용한 워런 버핏의 말이 이 상황에도 아주 적절하므로 한 번 더 인용해보자. "이발사에게 지금 이발을 해야겠냐고 물어보면 절대 안 된다". 당신이 2006년에 은행의 재무 위험 전문가로 일하면서, 해당 은행이 보유 중인 부채 담보부증권 중 일부가 조금 위험할 수도 있다고 말했다면 아마 당장 해고됐을 것이다. 그리고 거래 승인을 잘 해주는 사람이 그 자리를 차지했을 것이 분명하다. 사람들은 대부분 돈을 잘 벌고 있을 때는 자기 행동이 틀렸다는 사실을 인정하지 않는다.

1990년대 후반의 닷컴버블은 직장에서의 이기적 편향을 잘 보여주는 중요한 사례다. 당시 비열한 행동을 한 대표적인 인물로 미국의 금융투자회사 메릴린치의 헨리 블로젯을 꼽을 수 있다. 그가 저지른 위선을 보면 정말 숨이 막힐 정도다. 고객에게 보내는 리서치 보고서에는 "이 주식에는 부정적인 부분이 별로 없다"고 해놓고, 내부 보고서에는 "정말 형편없는 물건!"이라고 썼다. 그는 또 외부 보고서에는 "LFMN은 매력적인 투자처"라고 했으면서 내부 문건에는 "이거 정말 쓰레기 같은 회사네"라고 썼다. 물론 그런 식으로 행동한 것이 블로젯 혼자만은 아니다(AT&T의 주식을 '중립'에서 '매수'로 조작한 주식 전문가 잭 그루브먼이나 월스트리트의 증권 분석가 메리 미커 같은 사람들을 생각해보라). 그는 그저 유독 어처구니없는 사례일 뿐이다.

네 번째 장애물은 단기적인 일에 지나치게 집중하는 근시안이다. 한참 시간이 지나야만 결과를 알 수 있는 일일수록 우리의 선택에 미치는 영향력이 작다는 사실을 자주 깨닫는다. 이는 곧 "먹고, 마시고, 즐기자. 내일 당장 죽을지도 모르니까"라는 말로 요약할 수 있다. 물론 이는 내일까지 살 수 있는지와 관련해서 우리가 옳을 확률보다 틀릴 확률이 26만 배나 높다는 사실을 무시한 말이기는 하다. 근시안적인 태도는 "주여, 저를 순결하게 하소서. 하지만 아직은 안 됩니다"라는 성 아우구스티누스의 기도를 통해서도 잘 드러난다. 사실 나 같은 경우에도 1년만 더 일하고, 한 번만 더 두둑한 보너스를 챙기면 금융권을 떠나 뭔가 의미 있는 일을 할 거라고 다짐하곤 한다!

예측 가능한 놀라움을 발견하지 못하도록 가로막는 마지막 장벽은 무주의 맹시다. 단도직입적으로 말해, 우리는 자기가 기대하지 않은 것을 보게 될 거라고 예상하지 않는다. 이와 관련해 진행된 고전적인 실험*에서는 참가자들에게 두 팀이 농구를 하는 짧은 동영상을 보여줬다. 한 팀은 흰색 옷을 입고, 다른 팀은 검은색 옷을 입고 있다. 실험 참가자는 흰 옷을 입은 팀이 자기들끼리 패스를 몇 번이나 주고받는지 세어보라는 요청을 받았다. 이 영상 중간쯤에 고릴라 옷을 입은 남자가 걸어 나와 가슴을 몇 번 두드리고는 사라진다.

---

* D. J. Simons & C. F. Chabris, "Gorillas in Our Midst: Sustained Inattentional Blindness for Dynamic Events," 〈인식(Perception)〉 28 (1999): 1059-1074.

투자하는 마음

그리고 영상이 끝난 뒤에 패스를 몇 번 주고받았는지 물어보면 대개 14~17개 사이의 답이 나왔다.

하지만 뭔가 특이한 것을 못 봤느냐고 물어보면, 참가자의 60퍼센트 정도가 고릴라를 알아차리지 못했다는 사실을 알 수 있다! 연구원이 고릴라가 있었다고 말하고 테이프를 다시 돌려주면, 사람들은 늘 자기가 처음 본 영상에는 고릴라가 없었다면서 영상을 바꿔치기한 게 아니냐고 묻는다. 이 연구는 사람들이 패스 횟수를 세는 세부적인 일에 몰두한 나머지 다른 건 보지 못한다는 사실을 알려준다. 금융계에서도 이와 비슷한 일이 일어난다. 사소한 세부 사항과 잡음에 정신이 팔린 투자자들은 큰 그림에 집중해야 한다는 사실을 잊어버린다.

📈 초보자를 위한 버블 확인법

그렇다면 이런 유감스러운 상황에서 벗어나려면 어떻게 해야 할까? 경제학자 허브 스타인의 지혜가 담긴 평범하면서도 예언적인 말을 꼭 기억해야 한다. "어떤 일이 영원히 계속될 수 없다면, 결국 끝나기 마련이다". 이는 말도 안 되게 단순하면서도 엄청나게 통찰력 있는 말이다. 시장 상황이 너무 좋아서 진짜 같지 않아 보인다면, 아마 그 생각이 맞을 것이다. 이런 간단한 사실을 기억해두면 버블이 터질 때 발생하는 불안감을 덜 수 있을 것이다.

버블의 역사에 대한 실용적인 지식을 알아두는 것도 자산을 지키는 데 도움이 될 수 있다. 벤 그레이엄은 "투자자는 주식시장의 역사, 특히 중요한 변동이 발생한 때를 잘 알고 있어야 한다. 이런 배경 지식이 있으면 시장의 매력이나 위험을 제대로 판단할 수 있는 위치에 서게 될 것이다"라고 말했다. 버블을 이해하는 것만큼 역사에 대한 이해가 중요한 분야도 없다.

버블과 관련된 세부적인 부분은 변할 수 있지만, 근본적인 패턴과 역학관계는 신기할 정도로 비슷하다. 오래전부터 버블을 생각하는 데 사용해온 내 생각의 틀은 1867년에 존 스튜어트 밀이 쓴 논문에 뿌리를 두고 있다.*

박학다식하고 여러 개의 언어를 할 줄 아는 철학자, 시인, 경제학자, 국회의원이었던 밀은 아주 특별한 사람이다. 그는 사회정의 문제에 대해 매우 진보적인 관점을 가진 사람으로, 노예 제도에 반대하거나 선거권 확대를 지지하는 논문을 여러 편 썼다. 우리의 좁은 관점에서 가장 유용한 것은 버블 패턴을 이해하기 위한 그의 연구다. 밀은 "상업 위기의 병폐는 본질적으로 지갑의 문제가 아니라 마음의 문제"라고 말했다.

그의 모델은 오랫동안 되풀이해서 사용되었고, 귀 기울여 들을

---

* John Stuart Mill, "On Credit Cycles and the Origin of Commercial Panics," 〈맨체스터 통계협회(Manchester Statistical Society)〉 (1867): 11-40.

만한 가치가 있는 견해를 가진 몇 안 되는 경제학자 중 한 명인 하이먼 민스키나 금융 투기의 역사를 훌륭하게 기록한 찰스 킨들버거 같은 권위자들이 사용하는 버블 프레임워크의 기초를 마련했다. 기본적으로 이 모델은 버블의 상승과 하락을 다음과 같이 5단계로 구분한다.

자산 이동 ➡ 신용 창출 ➡ 행복감 ➡ 위태로운 국면 ➡ 최종 단계

자산 이동 - 호황 발생

자산 이동은 일반적으로 일부 업종에서는 새로운 이익을 창출할 기회가 되지만 다른 업종에서는 이익 효용이 끝나는 외인성 충격이다. 새롭게 창출된 기회가 사라진 기회보다 많으면 이런 새로운 기회를 활용하기 위해 투자와 생산이 회복될 것이다. 그리고 사람들이 금융 자산과 실물 자산에 모두 투자하게 될 가능성이 높다. 사실상 호황이 탄생하는 모습을 목격하는 것이다. 밀은 "이 시기 초반부터 새로운 자신감이 싹트기 시작하지만 성장 속도는 느리다"라고 말했다.

신용 창출 - 버블 육성

산소가 없으면 불을 피울 수 없는 것처럼, 호황을 위해서는 신용을 키워야 한다. 민스키는 통화 팽창과 신용 창출은 대부분 그 시스템에 내생적이라고 주장했다. 즉 기존 은행에서만 돈을 빌릴 수 있는 게 아니라 새로운 은행 설립,

새로운 신용 상품 개발, 은행 시스템 밖에서의 개인 신용 확대를 통해서도 돈을 구할 수 있다. 밀은 이 단계에서는 "금리가 거의 비슷하게 낮고…… 신용은…… 계속해서 견실하게 성장해 회사를 키우고 수익을 늘린다"고 말했다.

행복감 - 모든 사람이 새로운 시대에 적응하기 시작한다

가격은 계속 오를 수밖에 없는 것처럼 보인다. 전통적인 가치 평가 기준을 버리고, 현재의 가격을 정당화하기 위한 새로운 측정 기준이 도입된다. 지나친 낙관주의와 과신의 물결이 일어나면, 사람들은 이익을 과대평가하고 위험을 과소평가하면서 자신이 상황을 통제할 수 있다고 생각한다. 모였다 하면 새로운 시대에 대해 얘기하고, 존 템플턴 경이 투자할 때 가장 위험한 말이라고 경고한 "이번에는 다르다"라는 말이 시장에 울려 퍼진다.

밀은 이렇게 말했다. "믿음이 병적일 정도로 과도하다……. 사람들은 건전한 자신감이 아니라 맹신에 빠진다……. 투자자들은 흥분한 나머지, 투자한 자본을 통해 빨리 이익을 낼 수 있을지, 수입에 비해 과도하게 많은 돈을 투자한 것은 아닌지와 같은 적절한 의문을 품지 않는다……. 그러나 불행히도 적절한 통찰력과 자제력이 없는 상황에서 한 투자는 성장성이 가장 위험한 수준일 때 가장 빠른 성장을 달성하려는 투기로 변질하는 경향이 있다".

위태로운 국면 - 재정적 어려움

이때는 내부자가 주식을 매각하는 심각한 단계로, 호황기에 지나치게 많이 쓴 레버리지가 큰 문제로 대두되면서 급속도로 재정적인 어려움에 빠지게 된다.

버블의 이 단계에서는 사기 행각도 종종 볼 수 있다.

밀은 레버리지 사용의 위험과 그것이 얼마나 쉽게 자산 재고 처분이라는 결과를 가져올 수 있는지 알고 있었다. "자기 돈과 빌린 돈을 합쳐서 투자한 트레이더는, 위기의 순간이 닥치면 명성은 온데간데없이 사라지고 상품이나 생산물을 아주 낮은 가격에 강제 매각해야 하는 가혹한 의무를 지게 된다".

최종 단계 - 대폭락

버블 생애주기의 마지막 단계는 대폭락이다. 투자자는 자신이 관여했던 사건에 너무 겁을 먹은 나머지 더이상 시장에 참여할 엄두를 내지 못한다. 그래서 자산을 최대한 낮은 가격으로 팔아치우려고 한다.

밀은 이렇게 말했다. "일반적으로 패닉은 자본을 파괴하지 않는다. 그것은 단지 기존의 절망적일 만큼 비생산적인 작업 때문에 자본이 얼마나 파괴됐는지 드러내 줄 뿐이다. …… 대형 은행과 무역회사의 실패는…… 질병 자체가 아니라 그 병으로 나타나는 증상이 발현한 것이다".

밀은 또 버블이 터진 후 경기가 회복될 때까지 시간이 많이 걸린다는 사실도 알고 있었다. "경제 위기가 닥치면 투자 실패로 인한 손실과 자산의 평가 절하가 많은 이들에게 영향을 미치며 그들의 구매력도 제한된다. …… 수요가 위축되면서 이윤도 계속 감소한다. …… 시간만이 산산조각이 난 신경을 안정시키고 깊은 상처를 건강하게 아물게 한다".

역사상 존재했던 거의 모든 버블을 이 틀에 끼워 맞출 수 있다. 이는 버블을 피하고자 할 때 우리의 사고와 분석을 이끌어줄 것이다.

📈 당신이 전문가보다 유리한 점

잘 믿기지 않겠지만, 이 함정을 극복하려고 할 때 당신에게는 전문가보다 굉장히 유리한 부분이 하나 있다. 바로 임의적인 벤치마크의 노예가 될 필요가 없다는 것이다.

케인스의 말처럼, "공공의 이익을 가장 촉진하는 사람은 장기 투자자지만, 위원회나 이사회, 은행이 투자 자금을 관리할 때는 이들에게 가장 심한 비난이 쏟아진다. 왜냐하면 일반적인 시선으로 볼 때, 이들의 행동은 별나고 색다르고 무분별해 보이기 때문이다. 만일 이들이 성공하더라도 그것은 이들의 성급함에 대한 일반적인 믿음을 확인해줄 뿐이며, 단기적으로 성공을 거두지 못한다면(그럴 가능성이 꽤 높다) 별로 동정을 받지 못할 것이다".

고전 경제학의 이론에 따르면, 차익 거래자가 버블을 방지해야 한다. 이들은 사람들을 이용해서 가격을 균형 상태로 되돌려놓을 기회를 기다린다. 하지만 안타깝게도 전문 투자자들 중에는 이렇게 하는 사람이 드물다.

버블에 맞서려고 노력하는 사람들은 레버리지를 쓰지 말아야 한

다. 앞서 밀이 말한 것처럼, 레버리지를 쓰면서 버블에 저항하려고
했던 이들은 대체로 끝이 좋지 않았다(채권 간 차익거래를 노리고 과도한
레버리지 전략을 사용하다 1998년에 파산한 LTCM의 경우처럼). 케인스의 말처
럼, "시장은 당신이 지불 능력을 유지할 수 있는 기간보다 더 오랫동
안 비합리적인 상태에 머물지도 모른다".

어떤 전문가 그룹은 실제로 버블에 편승하는 쪽을 택하기도 한
다. 그들은 버블이 최고점에 도달했을 때 빠져나올 자신이 있기 때
문에, 버블을 줄이기보다 오히려 증폭시킨다. 호아스 은행은 1720
년에 남해버블이 발생했을 때 바로 이렇게 했고, 몇몇 헤지펀드도
닷컴 열풍 때 비슷한 역할을 했다.*

그러나 대다수의 전문 투자자들은 이기적 편향과 근시안 때문에
버블에 대항해 차익 거래를 하려고 하지 않는다. 그들은 지수를 벤
치마크로 삼고 그 지수보다 수익률이 낮은 것을 가장 두려워한다(경
력 리스크). 그래서 버블에 대항할 생각이 없다. 이런 경향이 커지는
이유는 대부분의 펀드 운용사들이 운용 자산을 기준으로 보수를 지
급하기 때문이다. 따라서 해고되지 않는 가장 손쉬운 방법은 벤치마
크와 비슷한 실적을 올리는 것이다(비즈니스 리스크). 이런 두 가지 이
기적 편향이 합쳐져서 펀드매니저들이 "옳은 일을 하는 것을" 가로

---

* P. Temin & H. Voth, "Riding the South Sea Bubble" (미발표 논문); M. Brunnermeier &
S. Nagel, "Hedge Funds and the Technology Bubble," 〈재무학 저널〉 59 (2004): 2013-
2040.

막는다.

　물론 고맙게도 예외는 있다. 미국의 투자 자문사 퍼스트 이글의 장 마리 이베이야르는 "고객들이 맡긴 돈의 절반을 잃느니 차라리 고객을 절반 잃는 편이 낫다"고 말했다. 마찬가지로 GMO의 제러미 그랜섬도 닷컴버블에 편승하기를 거부하는 바람에 고객의 위탁 자산이 3분의 2로 줄었다. 하지만 이렇게 경력과 비즈니스상의 위험을 기꺼이 감수하는 경우는 매우 드물다. 그러나 개인 투자자인 당신은 경력이나 비즈니스상의 위험을 걱정할 필요가 없다. 이것이 바로 아마추어가 전문가보다 유리한 점이다.

　투자자들은 버블이 인간 행동의 부산물이고, 인간의 행동은 매우 예측하기 쉽다는 사실을 기억해야 한다. 버블마다 세부적인 사항은 조금씩 다르지만 전반적인 패턴은 매우 유사하다. 따라서 버블이 발생하거나 터지는 사건은 블랙 스완이 아니다. 물론 버블이 꺼지는 시기는 여전히 불확실하지만 그런 일이 일어나는 패턴은 예측할 수 있다. 이베이야르의 말처럼, "때로는 상황이 부정적으로 변할 확률이 얼마나 낮은가보다는 그런 일이 일어났을 때 어떤 결과가 초래될 것인지가 더 중요하다". 다시 말해, 때로는 장기적으로 부정적인 결과가 나올 가능성이 너무 크기 때문에 투자자들이 단기적으로도 그를 무시할 수 없다는 얘기다.

심리적 편향을 극복하기 위한
멘탈 관리

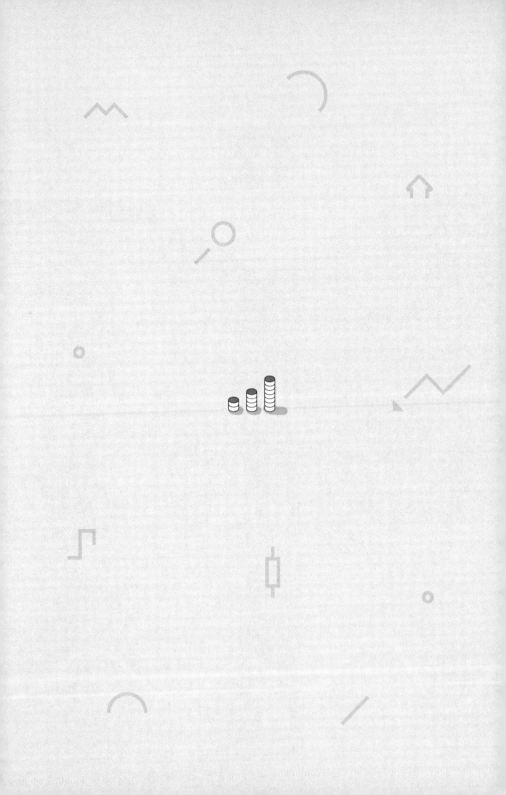

앞 장에서 버블은 시간이 지나면서 세부적인 부분이 좀 달라지긴 하지만 기본적으로 매우 유사한 경로를 따라간다는 사실을 확인했다. 이는 왜 우리는 실수에서 교훈을 얻지 못하는가, 라는 매우 중요한 질문을 제기한다. 1700년대의 남해버블부터 1980년대 후반의 일본버블, 21세기에 접어들 무렵의 닷컴버블, 그리고 가장 최근의 신용/주택버블에 이르기까지 금융의 역사는 버블로 가득하다. 당신은 우리 인간이 역사에서 교훈을 얻었다고 생각할지도 모른다. 하지만 X-시스템의 또 다른 함정은 우리는 실수와 오류를 그런 식으로 인식하려 하지 않는다는 것이다. 우리는 대부분 실수를 얼버무리고 넘어간다.

존 케네스 갤브레이스라는 통찰력이 뛰어난 경제학자는 시장이 다음과 같은 특성을 갖고 있다고 말했다.

…… 금융권의 기억은 극단적으로 짧다. 그래서 금융 위기도 금방 잊힌다. 그 결과, 몇 년 뒤에 이전과 동일하거나 거의 유사한 상황이 다시 발생해도 새롭고 젊고 매우 자신만만한 세대는 그것을 금융권과 경제계를 뒤흔들 놀랍도록 혁신적인 발견으로 여기면서 환영한다. 인간이 활동하는 분야 중에서 금융계만큼 역사의 가치를 제대로 인식하지 못하는 분야도 드물 것이다.

금융권의 역사 인식 부족과 관련해 내가 가장 좋아하는 인용구는 GMO의 수석 전략가인 제러미 그랜섬(2장과 11장에서 얘기했던 인물이다)이 한 말이다. 그는 "우리가 이 혼란에서 뭔가를 배우게 될 것이라고 생각하는가?"라는 질문을 받자, "단기적으로는 엄청나게 많은 교훈을 얻을 테고 중단기적으로도 배우는 게 꽤 많을 것이다. 하지만 장기적으로는 아무것도 배우지 못한다. 역사적 선례를 보면 알 수 있다".

물론 실수를 통해 교훈을 얻으려면, 그것이 실수라는 사실을 알아야 한다. 당연한 얘기처럼 들릴 수도 있지만, 이를 위해서는 자기 귀인 편향과 사후 확신 편향이라는 두 가지 심리적 편향을 극복해야 한다.

↗ 자기 귀인 편향 습관 버리기

자기 귀인 편향은 좋은 결과가 나오면 자기 투자 기술이 좋아서라고 생각하고, 나쁜 결과가 나오면 다른 사람이나 상황 탓으로 돌리는 습관을 말한다.

스포츠 경기는 이런 사고방식이 잘 드러나는 분야다. 일례로 심리학자들이* 운동선수의 자기 귀인 편향을 연구하기 위해 신문의 스포츠 면을 살펴봤다. 선수나 코치는 경기 성적을 평가할 때 그 성적이 내부 요인(팀의 능력과 관련된 요인) 때문인지 아니면 외부 요인

---

* R. Lau & D. Russell, "Attributions in the Sports Pages," 〈성격 및 사회 심리학 저널〉 39 (1980): 29-38.

(예: 심판의 편파 판정) 때문인지 자문해본다. 당연히 여기에도 자기 귀인 편향이 존재했다. 승리한 뒤에는 응답자의 75퍼센트가 내적 귀인(자기 기술의 결과) 덕분이라고 주장한 반면, 패배했을 때는 55퍼센트만이 내적 귀인에 대해 얘기했다.

경기 결과 분석을 선수/코치가 분석한 것과 스포츠 기자가 분석한 것으로 나눠서 비교하자 이런 편향이 더욱 분명하게 드러났다. 선수와 코치의 경우 성공의 80퍼센트 이상을 내부 요인 덕으로 돌렸다. 하지만 패배한 뒤에 그것이 내부 요인 탓이라고 말한 이들은 53퍼센트에 불과했다.

투자할 때도 똑같은 일이 일어난다. 투자자들이 나쁜 결과를 불운 탓으로 돌리는 것은 흔히 있는 일이다. 어떤 경우에는 그게 사실일 수도 있지만, 대개는 잘못된 분석이 근본적인 원인이다.

그린라이트 캐피탈의 데이비드 아인혼은 최근 연설에서, "일이 잘못되면 내가 잘못된 결정을 내린 것이라고 여기고, 거기서 교훈을 얻어 다시는 똑같은 실수를 되풀이하지 않으려고 한다"고 말했다. 그리고 자기가 예전에 저지른 실수를 예로 들었다. 그는 2005년에 주택 건설업체인 MDC 홀딩스의 주식을 주당 67달러에 매입하라고 추천했는데 그 후 4년 동안 MDC의 주가는 40퍼센트나 하락했다. 아인혼은 "이 손실은 운이 나빠서가 아니라 잘못된 분석 때문이었다"고 말했다. 한마디로 말해 그는 미국 부동산과 신용 버블이라는 큰 그림의 중요성을 이해하지 못한 것이다.

슬프게도 우리 중에는 아인혼처럼 자기 성찰적인 사람이 거의 없다. 그래서 여기저기에 만연한 자기 귀인 편향 문제를 방지하려면, 자기가 내린 결정과 그런 결정을 하게 된 이유를 기록해둬야 한다. 즉 투자 일기를 쓰라는 얘기다. 투자 일기를 쓰는 것이 어리석은 일처럼 보일 수도 있지만, 20세기 최고의 펀드매니저라고 인정받는 조지 소로스도 그렇게 해서 성공을 거뒀다. 그는 《금융의 연금술 Alchemy of Finance》이라는 책에 이렇게 썼다. "나는 일기장에 투자 결정과 그런 결정을 내린 이유를 실시간으로 기록했다. …… 그 실험은 재정적인 부분에서 큰 성공을 거두었고, 내가 보유한 펀드는 최고의 성과를 올렸다. 또 실험을 마칠 때쯤에는 내가 미래에 대해 완전히 다른 기대를 품게 하는 놀라운 결과까지 낳았다".

이런 일기를 쓴 다음에는, 투자 결정의 결과와 그런 결정을 내리게 된 이유를 오른쪽과 같은 사분면 도표로 그려야 한다. 내가 올바른 이유로 좋은 결과를 얻었는가? (물론 운일 수도 있지만, 내 투자 기술이 좋았다고 주장할 수도 있다.) 아니면 이유가 잘못됐는데도 좋은 결과를 얻었는가? (이 경우 포트폴리오 실적이 만족스러우니 결과를 그대로 유지하겠지만, 자기가 정말 잘해서 그렇게 됐다는 착각에 빠져서는 안 된다.) 잘못된 이유 때문에 나쁜 결과가 나왔는가? (실수를 저질렀고, 거기서 교훈을 얻어야 한다.) 혹은 이유는 정당했는데 나쁜 결과가 나온 것인가? (결국 불운이 발생할 때도 있는 법이다. 그리고 우리가 사는 세상에서는 펀더멘털 변동성보다 가격 변동성이 더 큰 힘을 발휘한다.)

176
......
투자하는 마음

자기가 내린 결정과 그런 결정을 한 이유를 결과와 대조해봐야 운이 좋았던 건지 아니면 정말 실력 발휘를 한 건지 알 수 있다. 그리고 무엇보다 중요한 건, 어디에서 실수를 반복하는지도 알 수 있다는 점이다.

	좋은 결과	나쁜 결과
올바른 이유	실력(아마도)	불운
잘못된 이유	행운	실수

📈 사후 확신 편향 무시하기

자신의 투자 결정과 그런 결정을 내린 이유를 적어두라고 하는 이유 중 하나는, 그렇게 하지 않을 경우 투자 실수에서 교훈을 얻지 못하도록 방해하는 두 번째 편향인 사후 확신 편향을 갖게 될 우려가 있기 때문이다. 이는 결과를 알게 되면, 그를 원래부터 알고 있었던 것처럼 생각하는 것을 말한다.

금융권 사람들은 버블을 겪을 때마다 조지 오웰 같은 예언적인 분위기로 버블의 역사를 다시 쓰는 것을 즐기는 듯하다. 버블이 꺼진 뒤에는 항상 뭐가 잘못됐고 왜 그렇게 됐는지에 관한 글이 엄청나게 많이 쏟아져 나오는데, 대개는 애초에 문제의 낌새조차 알아차리지 못했던 사람들이 이런 글을 쓴다. 이는 사건이 일어나기 전보다 일어난 후에 훨씬 예측하기 쉽다고 생각하는 사후 합리화의 한 형태다.

심리학자들은* 이런 경향이 놀랄 만큼 규칙적으로 나타난다는 사실을 보여줬다. 예를 들어, 한 실험에서는 참가 학생들에게 영국의 인도 점령과 네팔의 구르카족 문제에 대해 "1814년에 헤이스팅스 총독이 구르카족을 진압하기로 결심했지만 이 군사 작전은 영광스러운 것과는 거리가 멀었고 군대는 극한 상황에서 고통을 받았다. 구르카족은 게릴라전에 능했고, 수가 적었기 때문에 영국군과 전면전을 벌이지 않으려고 했다. 영국군은 여러 번 패배한 뒤에야 겨우 조심성이 생겼다"고 설명했다.

내가 방금 얘기한 것보다 훨씬 긴 버전의 설명을 읽은 학생들은 다음 네 가지 결과가 나왔을 확률이 어느 정도 되는지 답해야 했다.

1. 영국의 승리
2. 구르카족의 승리
3. 평화 협정이 체결되지 않은 상태에서의 군사적 교착 상태
4. 평화 협정이 체결된 상태에서의 군사적 교착 상태

---

* B. Fischhoff, "Hindsight ≠ Foresight: The Effect of Outcome Knowledge on Judgment under Uncertainty," 〈실험심리학 저널: 인간의 인식과 성과(Journal of Experimental Psychology: Human Perception and Performance)〉 1 (1975): 288-299.))

다른 그룹의 학생들도 똑같은 내용을 읽었지만, 이 그룹에게는 '진짜' 결과를 미리 알려줬는데 문제는 위의 네 가지 결과를 전부 진짜라고 얘기한 것이다. 그래서 어떤 학생은 1번이 정답이라고 믿었고, 어떤 학생은 2번 혹은 3번이나 4번이 정답이라고 믿었다.

이상하게도, 가상의 정답을 들은 사람들은 그 답에 집착했다. 실제로 결과에 대한 정보를 전혀 듣지 못한 그룹에 비해 해당 결과가 나올 확률이 높다고 대답한 비율이 두 배 가까이 높았다. 즉 사람들은 의사결정 과정에서 사후 결과를 무시할 수 없었던 것이다.

이 연구는 실시간 투자 일기가 투자자들에게 실질적인 이익을 안겨주는 이유를 보여준다. 투자 일기를 쓰면 결과가 나온 뒤에 사건을 재평가하는 게 아니라 실제 결정을 내릴 때 자기 생각에 충실하도록 도와주기 때문이다. 투자 일기는 실수를 통해 교훈을 얻을 수 있는 간단하면서도 매우 효과적인 방법이므로 투자에 접근하는 방식의 중심이 되어야 한다.

ADHD 투자의
위험성

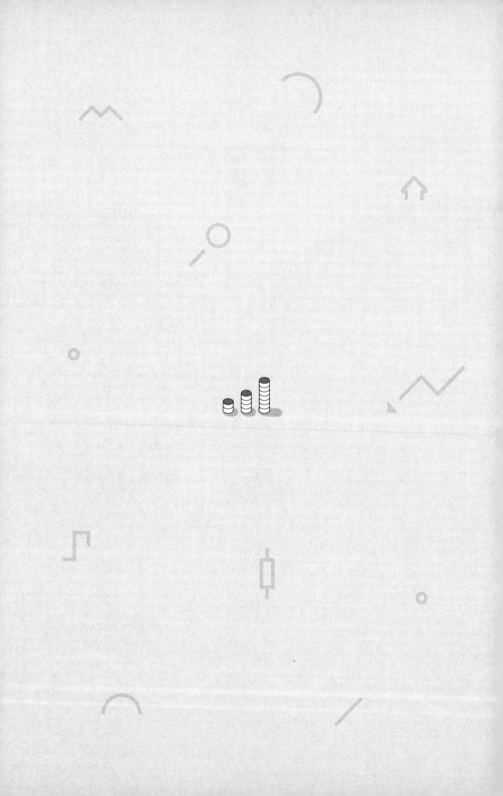

이 책에서 단기간에만 집중하는 근시안이 투자자들이 버블에 대항하지 못하도록 가로막는 장애물 중 하나라는 사실을 배웠다. 하지만 단기간만 생각하는 이런 경향이 버블에만 나타나는 것은 아니다. 근시안적인 투자 행태는 어디에나 존재한다. 오늘날의 투자자들은 포트폴리오와 관련해 만성적인 주의력결핍 과잉행동장애, 즉 ADHD를 앓는 것처럼 보인다.

뉴욕증권거래소의 평균 주식 보유 기간을 나타내는 그림 13.1은 이 문제를 잘 보여준다. 요즘 투자자들의 평균 보유 기간은 약 6개월이다! 1950년대와 1960년대 투자자들은 7, 8년씩 주식을 보유하곤 했다. 흥미롭게도 이는 오늘날 우리가 알고 있는 기관 투자가 증가하기 전의 일이다. 주식을 6개월 동안만 보유한다면 물론 장기적인 문제에는 전혀 신경 쓰지 않고 다음 두 분기 수익률에만 관심을 둘 것이다.

하지만 이렇게 단기간에만 집중하는 것은 투자에 대한 기본적인 관점과 조화를 이루기 어렵다. 우리는 투자를 위해 뭘 알아야 하는지 파악하기 위해 주식 수익의 동인을 조사한다. 투자 기간이 1년일 경우 대부분의 수익을 평가 변동을 통해 얻는데, 이는 사실상 예측할 수 없는 가격 변화를 뜻한다. 그러나 투자 기간이 5년이 되면 총수익의 80퍼센트를 투자비용과 기본적인 현금 흐름의 증가를 통해 얻게 된다. 기업의 가치를 보고 투자하는 이들은 이런 측면에 대해 알고 있어야 하는데, 이러한 사실들은 확실히 장기 투자를 할 때만

| 그림 13.1 | **뉴욕증권거래소의 평균 주식 보유 기간(년)**

출처: GMO

중요하다.

케인스는 이와 관련해 다음과 같은 매우 적절한 말을 남겼다. "인간의 본성은 빠른 결과를 원하기 때문에 돈도 빨리 벌고 싶어 하는 이상한 열정을 품고 있다……. 현대의 투자자들은 이전 세대 투자자들에 비해 자신의 보유 자산에 대한 연도별, 분기별, 심지어 월별 가치 평가와 자본 평가에 지나치게 집중한다". 유감스럽게도 케인스가 말한 분기별, 월별 평가가 오늘날의 일부 투자자에게는 일별, 분(分)별 평가가 되었다.

📈 골키퍼에게 배우는 지혜

우리는 빠른 결과를 바랄 뿐만 아니라, 아무것도 안 하는 것보다는 뭔가를 하고 있는 것처럼 보이기를 좋아한다. 행동에 대한 뚜렷한 편견이 있는 것이다. 축구 골키퍼는 이런 유감스러운 경향의 좋은 예다. 분명히 말해두지만, 영국인들은 축구에 집착한다는 전형적인 이미지가 있지만 나는 그 경기에 대해서 아는 게 거의 없다. 어릴 때 겨울에는 항상 럭비를 하고 여름에는 크리켓만 했기 때문에, 소위 영국의 대표적인 스포츠라고 하는 축구에는 전혀 관심이 없었다.

그래도 골키퍼의 경험을 통해 배울 것이 있다. 골키퍼는 대개 팀의 스타플레이어는 아니지만, 최고의 골키퍼들은 페널티킥이 날아올 때마다 투사로 변신한다. 한 연구에서는* 골키퍼가 페널티킥을 막으려고 할 때 드러나는 매력적인 패턴을 밝혀냈다. 축구에서 페널티킥을 찰 때는 골문에서 11미터 떨어진 곳에 공을 놓고, 오직 골키퍼와 키커 둘이서만 대결을 펼친다. 골키퍼는 상대 선수가 공을 차기 전까지는 정해진 선에서 움직이면 안 된다.

축구 경기의 평균 득점은 2.5골에 불과하기 때문에 성공률이 80퍼센트나 되는 페널티킥은 경기 결과에 중요한 영향을 미칠 수 있

---

* M. Bar-eli, O. Azar, I. Ritov, Y. Keidar-Levin, G. Schein, "Action Bias among Elite Soccer Goalkeepers: The Case of Penalty Kicks" (미발표 논문, 2005).

다. 그래서 다른 많은 심리학 실험과 달리 그 위험성이 매우 크다.

우리의 용감무쌍한 연구진은 전 세계 유명 리그와 선수권 대회에서 있었던 311회의 페널티킥을 조사했다. 그리고 세 명의 심판으로 구성된 패널이 킥 방향과 골키퍼가 움직인 방향을 분석했다. 혼동을 피하기 위해, 모든 방향(왼쪽 또는 오른쪽)은 골키퍼의 관점에서 본 방향이다.

킥은 골문 왼쪽과 중앙, 오른쪽을 대략 3분의 1씩 겨냥했다. 그러나 골키퍼들은 뚜렷한 행동 편향을 보였다. 그들은 골대 중앙에 가만히 서 있기보다는 대부분(94퍼센트) 왼쪽이나 오른쪽으로 몸을 날렸다.

하지만 골대 중앙에 서 있었다면 공을 막을 확률이 훨씬 높아졌을 것이다. 통계에 따르면 골키퍼가 골대 중앙에 있을 때는 가운데를 노려서 찬 킥의 60퍼센트를 잡을 수 있기 때문에 왼쪽이나 오른쪽으로 몸을 날렸을 때보다 성공률이 훨씬 높다. 하지만 골키퍼가 중앙에 서 있는 경우는 전체의 6퍼센트밖에 되지 않는다.

골키퍼들에게 왜 중앙에 가만히 서 있지 않고 좌우로 몸을 날리느냐고 물어봤다. 그러자 왼쪽이나 오른쪽으로 몸을 움직여야 최소한 노력하고 있다는 기분이 들기 때문이라고 했다. 중앙에 가만히 서 있다가 상대 선수가 찬 공이 왼쪽이나 오른쪽으로 들어가면 기분이 훨씬 더 나쁘다는 얘기다. 글쎄, 당신의 생각은 어떤지 모르겠지만, 나는 골키퍼가 어디 서 있든 간에 지는 것보다 나쁜 일은 없다고 생각한다.

📈 부진한 실적에 깃드는 충동적 행동 욕구
....

행동 편향의 마지막 측면은 투자 성과가 저조할 때 손실을 입으면 행동을 취하려는 충동이 강해진다는 것인데, 이는 투자자들이 특히 주목할 만한 내용이다. 심리학자들은[*] 한 실험에 참가한 사람들에게 다음과 같은 시나리오를 생각해보게 했다.

스틴랜드와 스트라토프는 둘 다 축구팀 코치다. 스틴랜드는 블루-블랙 팀 코치고 스트라토프는 E.D.O. 팀 코치인데, 두 팀 모두 지난번 경기에서 4-0으로 패했다. 스틴랜드는 뭔가 변화를 주기 위해 다음 경기에 새로운 선수를 세 명 출전시키기로 했다. 스트라토프는 기존 선수들을 바꾸지 않고 그대로 내보냈다. 이번에는 두 팀이 모두 3-0으로 졌다. 이 상황에서 스틴랜드 코치와 스트라토프 코치 중 어느 쪽이 더 후회할까?

실험 참가자들은 이 정보를 세 가지 형태 중 하나로 접했다. 일부에게는 위에서 얘기한 것처럼 이전에 겪은 패배에 관한 정보까지 들려줬고, 다른 일부에게는 이전 사건에 대한 정보 없이 뒷부분의 이

---

* M. Zeelenberg, K. Van Den Bos, E. Van Dijk, R. Pieters, "The Inaction Effect in the Psychology of Regret," 〈성격 및 사회 심리학 저널〉 62 (2002): 314-327.

야기만 해주었다. 그리고 마지막 그룹에게는 두 코치가 지난주에는 이겼는데 이번 주에는 패했다는 소식을 전했다.

두 팀이 지난주에 이겼다고 들은 경우에는 응답자의 90퍼센트가 선수를 교체한 코치가 이번 주의 패배를 더 뼈아프게 느꼈을 거라고 생각했다. 그러나 이들이 2주 연속으로 패배한 상황을 제시했을 때는, 응답자의 거의 70퍼센트가 아무 조치도 취하지 않은 코치가 더 후회할 거라고 대답했다. 코치가 선수진을 좀 바꿨다면 2주 연속으로 지지는 않았을 거라는 게 이들의 논리였다. 이는 사후 가정 사고가 우리 판단에 영향을 미친다는 사실을 잘 보여준다. 이처럼 손실에 대처할 때는 행동 편향에 빠질 가능성이 유난히 높아진다.

📈 투자자와 행동 편향

투자자들에게 나타나는 행동 편향의 증거를 제시하기 위해서는 가장 먼저 경제학 분야에서 진행된 실험, 특히 모의 자산시장에서 실시된 실험부터 소개하는 것이 올바른 순서일 것이다. 이는 복잡한 요소 없이 금융시장에서 사람들이 어떻게 행동하는지를 조사한 훌륭한 연구다.

이 실험에서 시장은 한 가지 자산과 현금으로만 구성된 매우 단순한 시장이며 그 자산은 분기마다 한 번씩 배당금을 지급하는 주식

이다. 배당금 액수는 상황에 따라 달라지며(발생 가능한 상황이 네 가지
존재), 각 상황이 발생할 가능성은 동일하다(즉 특정 기간 동안 각 상황이
발생할 가능성은 25퍼센트씩이다).

상황마다 지급된 다양한 배당금 액수를 알면 기댓값은 쉽게 계산
할 수 있다(배당금에 확률을 곱한 뒤 남은 기간을 곱하면 된다). 정해진 기간
마다 예상한 배당금을 지급하면 이러한 자산의 기본 가치는 시간이
지날수록 줄어든다. 이것만 보면 간단하게 거래할 수 있는 자산처럼
느껴질 수도 있다. 하지만 다음의 증거는 다른 사실을 시사한다.

그림 13.2는 이런 자산시장 중 하나의 일반적인 결과를 보여준다.
그 자산은 상당히 저평가된 상태에서 출발해 적정 가치를 크게 상회
할 만큼 올랐다가 마지막 기간에 다시 기본 가치까지 급락한다.

| 그림 13.2 | **자산시장에서의 실험 결과**

출처: Lei 외(2001)

이는 그냥 버블이 형성됐다가 터지는 것과 별반 다르지 않다. 그렇다면 이것이 행동 편향과 무슨 관계가 있을까? 이 그림은 매우 흥미로운 모의 자산시장 실험에서 나온 것이다.* 이 실험에서는 한 번 주식을 사면 다시 팔지 못한다는 규칙을 확인할 수 있다. 이 규칙은 '더 큰 바보 이론The greater fool theory(어떤 상품이나 자산의 가격이 본질적인 가치가 아니라 시장 참여자들의 비이성적인 믿음이나 기대 때문에 형성된다고 보는 이론-옮긴이)' 때문에 버블이 생겨날 가능성을 배제한다.

즉 주식을 되팔 수 없기 때문에 다른 사람에게 팔아 더 큰 이익을 얻겠다는 계산하에 적정 가치보다 비싼 주식을 살 이유가 없는 것이다. 사실 참가자들은 그냥 지루함을 잊으려고 뭔가를 거래하는 것뿐이다! 따라서 투자자들에게도 아무것도 안 하는 것을 싫어하는 행동 편향이 있음을 알 수 있다.

📈 따분함이 필요한 순간

이런 행동 편향의 반대는 물론 인내심이다. 인내는 ADHD 투자가가 되는 것을 막기 위해 사용할 수 있는 무기다. 인내심이 필요한

---

* V. Lei, C. Moussair, C. Plott, "Nonspeculative Bubbles in Experimental Asset Markets: Lack of Common Knowledge of Rationality vs. Actual Irrationality," 〈이코노메트리카 (Econometrica)〉 69 (2001): 831-859.

투자하는 마음

이유는 가치투자를 할 때 너무 성급하게 매수(때 이른 매집이라는 애칭으로 알려진)나 매도를 하면 좋지 않은 결과가 생기기 때문이다. 하지만 단기 투자에서는 성급한 투자와 잘못된 투자가 명확하게 구분되지 않는다.

가치투자 기회를 찾기 위한 상향식 탐색을 거쳤는데도 괜찮은 투자처를 찾지 못했다면 인내와 규율이 많이 필요하다. 이렇게 투자할 대상을 찾을 수 없다면, 아무것도 안 하는 것이 최선이다. 워런 버핏은 좋은 기회를 기다리는 일의 중요성에 대해 자주 얘기한 바 있다.

> 나는 투자를 세상에서 가장 훌륭한 사업이라고 생각한다······. 억지로 배트를 휘두를 필요가 없기 때문이다. 타석에 서 있으면 투수가 제너럴 모터스를 47달러에 던진다! 유에스스틸은 39달러에! 그리고 아무도 스트라이크를 선언하지 않는다. 그러니 기회를 잃는 것 외에 다른 벌칙은 없다. 당신은 하루 종일 치고 싶은 공을 기다리다가 수비수들이 잠들었을 때 배트를 휘두르기만 하면 된다.
>
> 하지만 대부분의 기관 투자자들은 5만 명의 팬이 지켜보고 있고, 구단주는 "배트를 휘둘러야지, 이 멍청아!"라고 고함을 질러대고, 투수는 그를 고의 사구로 내보내려고 하는 상황에 처한 미국 메이저리그의 전설적인 홈런왕 베이브 루스처럼 행동한다. 그가 다음 공에 배트를 휘두르지 않으면 구단주는 "유니폼 반납해"라고 소리칠 것이다.

버핏은 이런 비유를 한층 더 발전시켜서, 보스턴 레드삭스의 전설적인 선수 테드 윌리엄스가 쓴 《타격의 과학The Science of Hitting》이라는 책을 자주 언급한다. 윌리엄스는 이 책에서 3할 4푼 4리라는 놀라운 통산 타율을 기록한 비법을 일부 털어놓았다. 윌리엄스의 놀라운 성공을 뒷받침한 이론은 정말 간단했다(최고의 아이디어들이 대부분 그렇듯이). 그는 스트라이크 존을 77개 구역으로 나눴는데, 각 구역의 크기는 야구공만 했다. 그리고 스트라이크 존으로 공이 들어올 때마다 무조건 배트를 휘두르는 게 아니라, 자기가 칠 수 있다는 사실을 알고 있는 가장 선호하는 구역(안정 타점 영역)으로 들어오는 공만 쳤다. 공이 선호 구역으로 들어오지 않으면 그냥 다음 공을 기다렸다. 때로는 그렇게 공을 고르다가 스트라이크아웃을 당하기도 했지만 말이다.

윌리엄스가 모든 공에 배트를 휘두르지 않은 것처럼, 투자자들도 좋은 기회를 기다려야 한다. 상향식 기회 탐색이 실패하면, 그냥 현금을 쥐고 있는 편이 나을 것이다. 오마하의 현자라고 불리는 버핏의 말처럼, "현금을 들고 있으면 마음이 불편하지만, 바보 같은 짓을 하는 것보다는 덜 불편하다".

세스 클라먼도 《안전 마진Margin of Safety》이라는 훌륭한 저서에서 야구의 비유를 들었다. "대부분의 기관 투자자들은 항상 전액을 투자해야 한다는 강박관념에 시달린다. 마치 심판이 볼과 스트라이크(대부분은 스트라이크)를 판정하는 것처럼 행동하기 때문에, 공이 날아올 때마다 거의 매번 배트를 휘두르면서 빈도를 위해 타율을 포기하게 된다". 그래서 클라먼은 자금 관리자는 차라리 소파에 앉아 TV만 보는 카우치 포테이토처럼 행동하는 편이 낫다고 강조한다. 결국 당신도 아주 좋은 기회가 왔을 때만 투자를 하고 싶을 텐데, 그러려면 가만히 기다릴 줄 아는 인내심이 필요하다. 클라먼은 다음과 같이 말했다.

> 대다수의 투자자들이 매 순간 돈 벌 궁리를 하면서 솔깃한 투자 아이디어를 찾는 세상에서는 아무것도 하지 않고 빈둥거리면서 기회가 나타나기를 기다리는 것도 좋은 방법이다. 외롭기도 하고 또 시류와 반대되는 시간이겠지만, 그런 시간도 필요하다는 사실을 기억하면 꽤 도움이 된다.

투자자들이 지닌 문제점 중 하나는 투자가 흥미진진할 것이라고 기대하는 것인데, 이는 버블비전 때문인 경우가 많다. 그러나 경제학자 폴 새뮤얼슨은 이렇게 주장했다. "투자는 따분해야 한다. 신나고 흥분되면 안 된다. 투자는 페인트가 마르거나 풀이 자라는 모습을 지켜보는 것과 비슷해야 한다. 짜릿함을 원한다면 800달러를 들고 라스베이거스로 가라. 물론 라스베이거스나 처칠 다운스 같은 경마장 혹은 메릴린치 지점에서 부자가 되는 건 쉬운 일이 아닐 테지만 말이다".

전설적인 가치투자자인 밥 커비는 예전에 〈커피 캔 포트폴리오

^{Coffee Can Portfolio}〉라는 글을 쓴 적이 있다. 주식을 산 뒤에는 건드리지 말라는 얘기인데, 그는 이를 수동적인 활동이라고 표현했다. 그는 다음과 같이 얘기했다.

> 투자 관리자들 사이에서는 이 개념이 인기가 없을 것이다. 내 의견이 널리 채택된다면 산업 구조가 근본적으로 바뀌고, 자금 관리 일을 하면서 풍요로운 생활을 유지하는 사람들의 수가 상당히 줄어들 수 있기 때문이다.
>
> 커피 캔 포트폴리오라는 개념의 기원은 사람들이 귀중한 소지품을 커피 캔에 넣어 매트리스 아래에 보관하던 옛 서부 시대로 거슬러 올라간다. 이렇게 돈을 보관하면 거래 비용이나 관리 비용, 기타 비용이 들지 않는다. 이 계획의 성공은 전부 커피 캔에 넣을 물건을 고르는 지혜와 통찰에 달려 있다.
>
> 이런 활동을 하지 않는 훌륭한 자금 관리자는 어떤 결과를 얻을 수 있을까? 이에 대한 답은 우리는 트레이더인가, 아니면 진짜 투자자인가, 라는 다른 질문에서 찾아야 한다. 훌륭한 자금 관리자는 아마 내면 깊숙한 곳에서는 투자자일 것이다. 하지만 주식 시세 단말기와 뉴스 서비스, 매일매일의 투자 결과를 알려주는 컴퓨터 때문에 트레이더처럼 행동하게 된다. 이들은 장기적으로 유망한 산업 분야에서 매력적인 기업을 식별하는 건전한 연구부터 시작한다. 그리고 매달 바뀌는 뉴스 상황과 온갖 소문을 바탕으로 1년에 두세 번 주식을 거래한다.[*]

---

[*] Robert Kirby, "The Coffee Can Portfolio," 〈포트폴리오 관리 저널〉 29 (1984): 101-112.

프랑스의 심리학자이자 수학자인 블레즈 파스칼이라면 이런 상황을 가리켜, "모든 인간의 불행은 조용한 방에 혼자 앉아 있지 못하는 데서 비롯된다"고 적절히 표현했을 것이다. 곰돌이 푸도 비슷한 지적을 했다. "아무 일도 하지 않는 것의 가치를 낮게 평가해선 안 돼".

레밍의
속마음

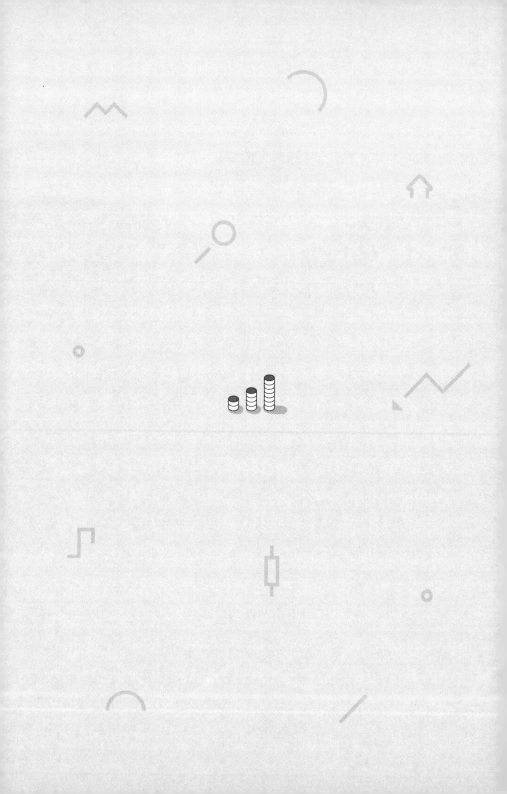

워런 버핏은 이런 말을 했다. "무리지어 다니는 레밍도 어떤 개념에 몰두한 월스트리트에 비하면 단호한 개인주의자처럼 보일 정도다". 물론 이는 레밍 입장에서는 몹시 명예를 훼손하는 발언이다.

자신의 생각을 집단의 지배하에 두려고 하는 것은 우리 주변에서 흔히 볼 수 있는 행동상의 장애이다.

그림 14.1에 4개의 선이 그어져 있다. 1, 2, 3 이 세 개의 선 가운데 왼쪽 선과 길이가 가장 비슷한 것이 어떤 것인지 맞춰보자.

대부분의 사람들에게는 별로 어려운 문제가 아닐 것이다. 분명히 선 하나는 너무 짧고 다른 하나는 너무 길기 때문에 딱 들어맞는 답은 하나뿐이다.

하지만 당신이 다른 사람들 일곱 명과 함께 있는데, 그들이 모두 가장 긴 선이 왼쪽과 가장 비슷하다고 주장한다면 어떨까? 당신은

| 그림 14.1 | **선 고르기**

자기 주장을 고수하겠는가, 아니면 다른 이들의 만장일치 의견에 굴복하겠는가?

물론 당신처럼 단호한 개인주의자는 자신의 의견을 고수할 것이다. 하지만 실험 결과를 보면, 우리에게 과연 주변의 압박에 굴복하지 않고 독립적인 의견을 유지할 수 있는 능력이 있는가 하는 심각한 의구심이 든다.

이 실험은 1950년대 이후로 자주 진행되었다.* 기본적으로 당신은 여덟 명 내외로 구성된 그룹에 속해 있다. 당신은 모르지만, 다른 참가자들은 모두 실험자와 공모한 상태다. 방에 있는 사람들은 모두 어떤 주제에 대해서 돌아가며 의견을 말하는데, 진짜 실험 참가자는 항상 마지막에 의견을 말하도록 되어 있다. 실험 결과 이런 조건에서는 참가자의 약 3분의 1이 다수의 잘못된 의견에 따르는 것으로 나타났다. 실험 참가자 중 4분의 3이 최소 한 번 이상 다른 이들의 의견에 동의했고, 3분의 1은 남들 의견에 절반 이상 동조했다.

흥미롭게도 그룹 크기를 바꾸는 것은 집단의 의견에 순응할 가능성에 거의 영향을 미치지 않았다. 세 명 이상이 오답을 제시하면 실험 참가자의 3분의 1이 집단의 판단에 따르기 시작했다.

신경과학자들이 최근에 찾아낸 증거는 사람들이 다수의 의견에

---

* S. Asch, "Effects of Group Pressure upon the Modification and Distortion of Judgement," 《그룹, 리더십, 인간(Groups, Leadership and Men)》, ed. H. Guetzkow (New York: Carnegie Press, 1951).

따를 때 실제로 어떤 일이 벌어지는지 더 자세히 알려준다.* 연구진은 직선 테스트 대신 3D 이미지 회전 테스트를 실시했다. 이미지 두 개를 보여주고 두 번째 이미지가 첫 번째 이미지를 회전시킨 것인지 판단하는 테스트다.

이것은 간단한 직선 테스트보다 난이도가 높았지만, 혼자서 이 테스트를 수행한 이들은 거의 90퍼센트 가까이 정답을 맞혔다. 하지만 다른 사람들의 답을 볼 수 있게 해주자 매우 다른 결과가 나왔다. 정답률이 59퍼센트로 떨어진 것이다. 통계적으로 동전 던지기를 통해 답을 정했을 때보다 별로 나을 것이 없는 결과다.

신경과학자들은 이 게임을 진행하는 동안 MRI로 실험 참가자들의 뇌를 스캔했다. 연구진은 사람들이 집단의 의견에 따를 때는 논리적인 사고와 관련된 뇌 부분인 C-시스템의 활동이 감소한다는 사실을 발견했다. 간단히 말해서 생각을 멈추는 것처럼 보였다.

📈 대중을 거스르는 괴로움

자신의 의견이 집단의 의견과 다르면 실험 참가자들은 생각을

---

* G. S. Berns, J. Chappelow, C. F. Zink, G. Pagnoni, M. E. Martin-Skurski, J. Richards, "Neurobiological Correlates of Social Conformity and Independence During Mental Rotation," 〈생물 정신의학(Biological Psychiatry)〉 58 (2005): 245-253.

멈출 뿐 아니라 뇌의 아주 특별한 부분, 즉 감정 처리와 공포를 담당하는 편도체가 반응했다. 실제로 일반적인 관행을 따르지 않으면 사람들은 두려움을 느꼈다. 대중을 거스르는 것에 공포를 느끼는 것이다.

집단의 의견을 거스르면 두려움뿐만 아니라 고통까지 느끼게 된다.* 한 실험에서 참가자들이 컴퓨터 게임을 하는 동안 그들의 뇌 활동을 스캔했다. 참가자들은 자기가 다른 두 사람과 함께 공을 주고받으면서 3인조로 게임을 하고 있다고 생각했다. 하지만 사실 다른 플레이어 두 명은 컴퓨터로 조종하는 것이었다. 한동안 3인조로 게임을 하던 다른 두 '플레이어'가 자기들끼리 공을 주고받으면서 실험 참가자를 게임에서 배제하기 시작했다. 이런 식으로 따돌림을 당한 참가자는 전두대상피질과 뇌섬엽이 활성화되었는데, 이 두 부위는 모두 실제로 육체적인 고통을 느낄 때 활성화되는 부위다.

다른 사람들과 반대되는 방향으로 투자하는 것은 사회적 고통을 당하는 것만큼 괴로운 일이다. 역투자자는 다른 사람들이 다 파는 주식을 사고, 다른 사람들이 다 사는 주식을 파는데 이는 사회적으로 고통스러운 행동이다. 심리학 연구 결과를 보면, 그런 전략을 따르는 것은 자기 팔을 주기적으로 부러뜨리는 것과 같은 고통을 유발한다는 것을 알 수 있다. 이는 절대 농담이 아니다!

---

* N. Eisenberger, M. Lieberman, K. Williams, "Does Rejection Hurt? An fMRI Study of Social Exclusion," 〈사이언스〉 302:5643 (2003): 290-292.

하지만 이렇게 괴롭기는 해도, 역투자가가 되는 것은 성공적인 투자에 꼭 필요한 전략이다. 존 템플턴 경의 말처럼, "대다수의 사람들과 다른 일을 하지 않으면 뛰어난 성과를 올릴 수 없다". 또 케인스는 이렇게 지적했다. "투자의 주요 원칙은 대중의 의견과 반대로 가는 것이다. 모두가 가치를 인정하는 투자 대상은 가격이 너무 비싸지기 때문에 매력이 떨어진다".

조사 결과는 템플턴과 케인스의 말이 옳다는 것을 보여준다.* 기관 투자자인 펀드매니저들이 바쁘게 팔아치운 주식은 서둘러 매입한 주식의 수익률을 웃돌았다. 예를 들어, 기관의 순거래 지속 기간 (기관이 연속적으로 순매수 혹은 순매도를 기록한 분기 수)을 기준으로 주식을 서로 다른 포트폴리오에 배분한 다음 2년 동안 포트폴리오 실적을 추적해보니 수익률이 17퍼센트나 차이가 났다. 기관들이 가장 많이 매도한 종목은 시장 수익률을 11퍼센트 정도 웃돌았고, 가장 많이 매수한 종목은 시장 수익률을 6퍼센트 밑돌았다.

📈 순응의 당근

고통은 분명히 사람들이 집단의 의견에 순응하게 만드는 중요한

---

* A. Dasgupta, A. Prat, M. Verado, "The Price of Conformism" (미발표 논문).

요소다. 하지만 고통이 채찍이라면 칭찬은 당근이다. 전문 투자자들 중에도 집단의 의견에 따라 결정을 내리는 이들이 많다는 사실을 감안하면, 이런 역학관계를 반드시 알고 있어야 한다. 집단에 대해 연구한 심리학자들은 구성원들에게 다른 사람의 역량을 평가해달라고 요청했다. 당신도 이제 확증 편향 같은 심리적 함정에 대해 알고 있으니, 집단이 공유하거나 공감하는 정보를 제시한 이들은 본인의 역량을 높이 평가했고 다른 구성원들에게도 높은 평가를 받았다는 사실이 별로 놀랍지 않을 것이다. 반면 다른 관점을 제시한 이들은 사실상 외면당했다.

실제로 집단은 공통된 정보에 집중하는 불안한 습관을 갖고 있다. 연구원들은 이 문제의 본질을 보여주는 기발한 실험을 준비했다.* 실험 참가자들은 총학생회장 선거에 출마한 세 명의 후보 중 한 명을 선택해야 했다. 그들에게는 A 후보가 가장 적합한 인물처럼 보이도록 꾸민 정보가 제공되었다.

여러 후보자의 프로필을 검토하고 정보를 전부 확인한 실험 참가자들의 67퍼센트가 개인적으로 A 후보를 선택했다. 하지만 이들이 집단적으로 움직일 때는 어떤 결과가 나오는지 알아보기 위해 이 실험을 두 차례 더 진행했다. 두 번째 실험에서는, 모든 참가자들에게

---

* G. Stasser & W. Titus, "Pooling of Unshared Information in Group Decision Making: Solving a Problem versus Making a Judgment," 〈성격 및 사회 심리학 저널〉 48 (1985): 1467-1478.

혼자 선택할 때와 똑같은 정보를 제공했다. 이 그룹은 83퍼센트가 A 후보를 선택해 사실상 더 좋은 성과를 거두었다.

하지만 세 번째 실험의 경우, 일부 정보는 참가자 전원에게 알려줬지만 일부 정보는 그룹 내의 한 사람에게만 알려주는 등 정보를 차등적으로 제공했다. A 후보와 관련된 정보가 그룹 내에 폭넓게 주어진 것이다. 이런 상황에 직면한 참가자들은 흩어진 정보를 찾아서 취합하려고 하기보다는, 대부분의 시간 동안 자기들이 공통적으로 아는 정보에 대해서만 얘기했다. 그리고 결국 그중 18퍼센트만 A 후보를 선택했다.

📈 집단사고의 위험

집단은 강력한 자기 강화 메커니즘을 갖고 있다. 그래서 집단 안에서 특정한 견해를 반복해서 들으면 처음보다 극단적인 의견을 품게 되는 집단 극화 현상이 발생할 수 있다.

집단사고는 집단행동의 극단적인 예다. 집단의 압력이 '정신적 효율, 현실 검증, 도덕적 판단'을 악화시켜서 잘못된 결정을 내릴 때 이런 현상이 발생한다.* 베트남 전쟁과 피그만 침공 사건 등이 그 전

---

* I. Janis, 《집단사고(Groupthink)》(New York: Houghton Mifflin, 1972).

형적인 예다. 하지만 이것으로 끝난 게 아니라 이후로도 우주왕복선 챌린저호 폭발 사고나 사담 후세인의 대량살상무기와 관련된 CIA의 정보 획득 실패 등 여러 방면에서 계속 문제가 발생하고 있다.

집단사고는 다음과 같은 여덟 가지 증상으로 나타난다.

1. 안전에 대한 환상. 이는 극단적인 위험을 감수하도록 조장하는 지나친 낙관론을 낳는다. 앞서 4장과 5장에서 얘기한 과잉 낙관이나 과신과 매우 유사하다.

2. 집단적 합리화. 집단의 구성원들은 경고를 무시하고 본인들의 가정을 재고하지 않는다. 10장에서 보수주의에 대해 얘기하면서 봤던 것처럼 이들도 맹목적인 믿음을 품는 것이다.

3. 타고난 도덕성에 대한 믿음. 집단 구성원들은 자신의 대의가 정당하다고 믿기 때문에 그 결정에 따르는 윤리적, 도덕적 결과를 무시한다.

4. 외부 집단에 대한 고정관념. '적'에 대한 부정적인 생각은 갈등에 대한 효과적인 대응이 불필요해 보이도록 만든다. 닷컴버블에 편승하지 않았던 사람들은 그냥 그렇게 했다는 이유만으로 무시당했다는 사실을 기억하자.

5. 반대자들에 대한 직접적인 압력. 구성원들은 집단의 견해에 반대되는 주장을 드러내지 말라는 압력을 받는다.

6. 자기 검열. 집단의 합의에서 벗어난 의심이나 의견 차이를 드

러내지 않는다.

7. 만장일치에 대한 환상. 대다수의 견해와 판단은 곧 만장일치로 간주한다.

8. '마인드 가드mind guard' 임명. 구성원들은 문제가 있거나 집단의 응집력, 견해, 결정과 모순되는 정보로부터 그룹과 리더를 보호한다. 이는 확증 편향이 더욱 강화된 것이다.

로버트 실러처럼 현명한 사람도 순응과 집단사고 때문에 고생했다고 털어놓았다. 그는 2008년 말에 〈뉴욕타임스〉에 기고한 글에 이렇게 썼다. "증시와 주택시장에 발생한 버블에 대해 경고할 때 매우 점잖은 어조로 쓰긴 했지만 그렇게 남들과 다른 의견을 내놓는 게 불안했다. 집단의 일치된 의견에서 너무 멀리 벗어나면 집단에서 배척당할 수 있고 완전히 끝장날 위험까지 감수해야 하기 때문이다".

실러의 생각과 비슷한 얘기지만, 나도 학문으로서의 금융학이 직장에서 드러나는 집단사고의 대표적인 사례가 아닐까 하는 생각을 종종 했다. 깔끔하게 잘 정리된 수학적 모델에 집착하고 경제계와 금융계를 지배하는 효율적인 시장 이론을 추종하는 것이 집단사고의 전형적인 사례처럼 보이기 때문이다. 정설에 도전하는 사람들은 외면당하고 종신 재직권을 얻고자 하는 젊은 교수들은 기존의 이론에 의구심이나 우려를 표하지 않는다. 학술지와 그 편집자들은 공동체를 위한 마인드 가드 역할을 하면서, 통념과 상반되는 견해를 억압한다.

📈 양떼 속에서 홀로
....

새로운 역투자자들에게 마지막으로 해주고 싶은 조언은, 사람은 누구나 자기가 독자적으로 사고한다고 여기고 싶어 한다는 것이다. 하지만 슬프게도 이는 자신의 행동을 있는 그대로 바라보지 못하는 또 하나의 실패 사례일 뿐이다(서문에서 얘기한 내성 편향). 다른 사람의 행동은 그들의 본성이 드러난 결과물로 여기면서, 자신의 행동은 여러 가지 사정 때문에 어쩔 수 없었다고 생각한다(기본적 귀인 오류).

이 두 가지 편향은 스스로가 독자적으로 사고한다는 확신을 심어준다. 그러나 심리학자들은 사람들이 자기는 어떤 행동을 할 때 타인의 영향을 받지 않지만 다른 이들은 동료의 행동에 크게 영향을 받는다고 생각하는 이유가 무엇인지 탐구해왔다.*

그들은 아이팟 소지자 40명에게, 다른 이들과 비교했을 때 아이팟 제품의 최신 트렌드에 얼마나 영향을 받느냐고 물어봤다. 점수는 1(평균보다 훨씬 낮은 점수)부터 9(평균보다 훨씬 높은 점수)까지이고, 5가 평균점이다. 따라서 중립적인 답변은 5가 되어야 한다. 하지만 참가자들의 평균 점수는 3.3점에 불과해, 다들 자기가 다른 사람들보다 아이팟 최신 트렌드의 영향을 훨씬 덜 받는다고 생각했음을 알 수

---

* E. Pronin, J. Berger, S. Molouki, "Alone in a Crowd of Sheep: Asymmetric Perceptions of Conformity and Their Roots in an Introspection Illusion," 〈성격 및 사회 심리학 저널〉 92 (2007): 585-595.

있다.

또 다른 실험에서는 참가자들에게, "옷가게에서 [당신/캐롤]이 쇼핑을 하면서 어떤 청바지를 살지 결정해야 하는 상황이라고 가정해보라"고 했다. 그리고 다음 두 가지 선택지 가운데 이 상황에 맞는 선택지는 어떤 것인지 골라보라고 했다. 첫 번째 선택지는 내부 정보에 중점을 뒀다. "[당신/캐롤]은 다양한 청바지를 살펴보면서 친구들이 그런 청바지를 입었는지 생각해본다". 두 번째 선택지는 관찰 가능한 행동을 강조한 것이었다. "[당신/캐롤]은 결국 친구들이 최근에 많이 입고 있는 청바지를 산다".

여러 가지 시나리오를 이런 식으로 제시했다. 연구 결과, 상황을 다른 사람(캐롤)의 관점에서 표현했을 때는 내부 정보에 기초한 선택지보다 관찰 가능한 행동이 포함된 선택지를 고른 이들이 훨씬 많았다(65퍼센트 대 35퍼센트). 그러나 상황을 1인칭으로 표현했을 때(당신)는 내부 정보 선택지(집단에 순응하는 것과는 거리가 먼)를 고른 이들이 훨씬 많았다(65퍼센트 대 35퍼센트).

역투자자가 되는 것은 쉽지 않은 일이다. 실수하지 않으려면, 최고의 투자자들도 순응이라는 악마를 이겨내야 한다. 그런데 이 악마를 효과적으로 이기려면 다음과 같은 세 가지 요소가 필요하다. 첫 번째 요소는 전설적인 헤지펀드 매니저인 마이클 스타인하트가 강조한 것인데, 그는 투자자들에게 남들과 다르게 행동할 용기를 가지라고 촉구했다. "몇 년간 가장 힘들었던 일은 그 당시의 지배적인 의견에 거스를 용기, 현재 합의된 의견과 상충하는 시각을 갖고 거기에 베팅할 수 있는 용기였다".

두 번째 요소는 비판적인 사고를 하는 것이다. 조엘 그린블라트는 이렇게 말했다. "독자적으로 사고하지 않는 사람은 좋은 가치투자자가 될 수 없다. 시장이 제대로 평가하지 않는 가치 있는 종목을 찾아내야 한다. 하지만 한편으로는 시장이 그 가치를 인식하지 못하는 이유도 알아야 한다".

마지막으로, 자신의 원칙을 고수할 끈기와 근성이 있어야 한다. 벤 그레이엄의 말처럼, "자신의 가치 접근법이 본질적으로 건전하다고 믿는다면, 그 원칙을 지켜라. 월스트리트의 유행과 환상, 빠르게 움직이는 돈을 쫓아다니는 경주에 휩쓸려 잘못된 길로 빠지지 말고 원칙을 고수해야 한다. 성공적인 가치 분석가가 되는 데는 천재적인 재능이 필요한 것은 아니다. 당신에게 필요한 건 첫째, 합리적이고 명석한 지능과 둘째, 건전한 운용 원칙, 그리고 셋째, 가장 중요한 것으로 확고부동한 끈기다".

이 세 가지 요소를 모두 충족해야만 무리에 맞서서 투자 수익을 거둘 수 있다.

투자하는 마음

15

자리에서 일어날 때를
아는 사람

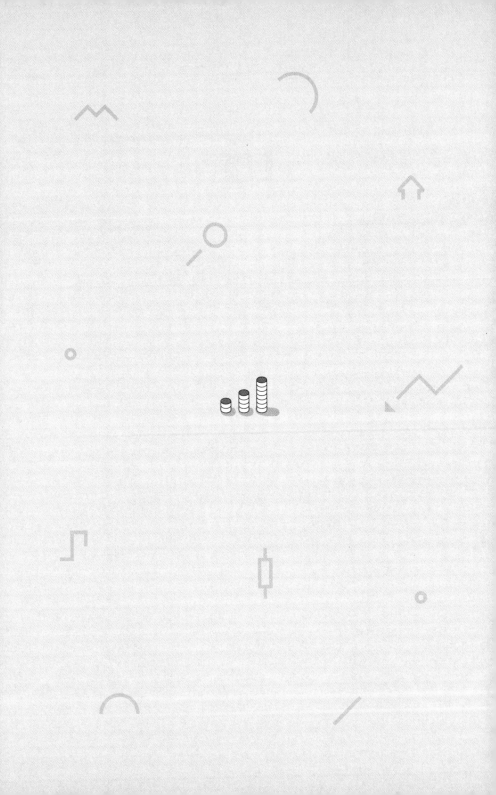

자, 용기 있게 다른 게임을 해보자.

이번에는 동전을 던지는 게임인데, 당신이 게임에 지면 나한테 100달러를 줘야 한다. 이 게임의 상금이 얼마 이상이어야 사람들이 내기를 하고 싶어 할까?

1달러 단위로만 돈을 걸 수 있다면, 최소 100달러 이상은 되어야 합리적일 것이다. 사실 당신이 위험 중립적인 사람이라면 상금이 100달러만 되어도 기꺼이 내기를 해야 한다. 하지만 사람들에게 이 질문을 하자, 대부분 상금이 100달러보다 훨씬 많아야 게임을 하겠다고 대답했다. 실제로 이 테스트에 참가한 펀드매니저 600명이 평균적으로 응답한 액수는 200달러가 조금 넘는다. 즉 그들은 이 게임이 유리한 내기인지 판단하기도 전에 자기가 잃을 수 있는 금액의 두 배를 따려고 한 것이다.

이러한 결과는 이런 유형의 질문에 매우 전형적으로 나오는 대답이다. 일반적으로 사람들은 이익을 반기는 마음보다 손실을 싫어하는 마음이 2~2.5배 정도 크다. 이런 특성을 '손실 기피'라고 한다.

내가 조사한 펀드매니저들 중에는 상금이 1,000달러 이상(손실액의 10배 이상)은 돼야 한다는 사람부터 단 50달러만 돼도 괜찮다는 사람까지 폭넓은 답이 나왔다. 전자는 내가 동전 던지기를 공정하게 진행할 리가 없다고 생각하는 사람이고, 후자는 그냥 남에게 베풀기를 좋아하는 사람일 것이다.

이 책 서문에서 얘기한 인식 반응 테스트CRT의 성적은 사람들이 드러내는 손실 기피 수준과 상당히 관련성이 깊었다. 예를 들어, CRT에서 한 문제만 맞힌 이들은 평균 300달러면 내기에 응하겠다고 했다. 두 문제를 맞힌 사람은 250달러를 원했고, 세 문제를 모두 맞힌 사람은 165달러를 원했다. CRT 문제를 많이 맞힐수록 심한 손실 기피 성향을 보일 가능성이 낮았다.

이런 손실 기피는 프로 골프를 비롯한 모든 분야에서 나타난다.* 최근의 한 연구에서는 PGA 토너먼트에 참가한 선수들이 친 160만 개의 퍼트를 조사했다. 토너먼트에 참가한 골퍼들의 목표는 72홀을 도는 동안 최저타를 치는 것이므로 전체적인 합계 점수에만 신경 쓰면 된다.

하지만 연구진은 골프 선수들도 손실 기피 심리의 영향을 받는다는 사실을 알아냈다. 골퍼들이 버디 퍼트(1언더파 득점)나 이글 퍼트(2언더파 득점)를 칠 때는 파나 오버파를 칠 때보다 정확도가 훨씬 떨어졌다. 평균적으로 볼 때 골프 선수들은 비슷한 파 퍼트를 할 때보다 버디 퍼트를 할 때의 성공률이 2~3퍼센트가량 낮았다. 예를 들어, 프로 골퍼들이 홀에서 60센티미터 이하로 떨어진 거리에서 퍼팅할 때, 파 퍼트의 경우에는 86퍼센트의 성공률을 보인다. 하지만 버디 퍼트의 경우에는 82퍼센트만 성공한다. 이런 결과는 손실 기피와 일치한다. 선수들이 손실을 피하려고 파 퍼팅을 할 때 더 집중하는

---

* D. Pope & M. Schweitzer, "Is Tiger Woods Loss Averse?" (미발표 논문, 2009).

것이다.

실제로 타이거 우즈도 한 인터뷰에서 이렇게 말했다. "중요한 파 퍼트를 해야 하는 순간이 되면, 버디 퍼트보다 파 퍼트를 성공시키는 게 더 중요하다고 생각한다. 벌타를 받고 싶지는 않기 때문이다. 벌타를 받았을 때와 버디를 했을 때의 심리적 차이를 고려하면, 어떻게든 파 퍼트에 성공해야 한다는 부담감을 느낀다".

이런 편향은 금전적으로도 큰 영향을 미친다. 프로 골프에서는 1타 차로 점수가 올라가면 후한 보수를 받는다. 2008년 토너먼트에서 상위 20위 안에 들어간 골프 선수들은 평균 400만 달러에 가까운 상금을 받았다. 이 선수들이 참가한 각 토너먼트에서 1타씩 점수를 높였다면(다른 선수들의 점수에는 변함이 없다는 가정하에) 평균 110만 달러의 추가 수입을 얻었을 것이다(상금이 22퍼센트 증가).

📈 원숭이도 싫어하는 잠재적 손실

연구진은 심지어 흰목꼬리감기원숭이들의 손실 회피까지 탐구했다.[*] 흰목꼬리감기원숭이는 약 3500만 년 전에 진화 계보에서 인

---

[*] K. Chen, V. Lakshminarayanan, L. Santos, "How Basic are Behavioral Biases? Evidence from Capuchin-Monkey Trading Behavior," 〈정치경제학 저널(Journal of Political Economy)〉 114 (2006): 517-537.

류와 분리되었다. 따라서 인류와 분리된 지 600만 년밖에 안 된 침팬지에 비하면 상대적으로 먼 친척이라 할 수 있다.

흰목꼬리감기원숭이가 손실을 회피하는지 알아내려면 도대체 어떤 테스트를 해야 하는지 궁금할 것이다. 정답은 그들과 게임을 하는 것이다. 실제로 그들과 두 가지 게임을 했다. 첫 번째 게임에서는 원숭이에게 포도 한 알을 주고, 동전 던지기 결과에 따라 원래 받은 포도만 유지하거나 보너스로 포도 한 알을 더 줬다. 두 번째 게임에서는 원숭이가 포도 두 알을 가진 상태로 게임을 시작하는데, 동전 던지기 결과에 따라 포도 두 알을 그대로 유지하거나 하나를 잃게 된다. 이 두 가지 게임은 사실상 확률이 동일한 도박이지만, 하나는 잠재적인 이득을 얻고 다른 하나는 잠재적인 손실을 보도록 짜여 있다.

흰목꼬리감기원숭이들은 어떤 반응을 보였을까? 이들은 잠재적 손실보다 잠재적 이득을 얻을 수 있는 도박을 훨씬 더 좋아했다. 원숭이가 선호하는 게임을 어떻게 알 수 있는지 궁금할 것이다. 실험자 두 명이 게임을 진행했더니 원숭이들은 대부분 잠재적 이득을 안겨주는 실험자에게만 다가가서 명확한 선호도를 드러냈다고 한다. 이런 행동은 경제학 교과서에서 예측한 바와 다르다. 경제학 법칙에 따르면, 이 두 가지 도박에는 아주 작은 이익만 걸려 있기 때문에 동등하게 취급되어야 한다. 하지만 원숭이들은 우리와 마찬가지로 손실을 기피하는 경향을 명확하게 드러냈다.

투자하는 마음

⤴ 근시안과 손실 기피

손실을 기피하는 경향이 유전자에 깊숙이 뿌리를 내리고 있는 것만으로는 부족하다는 듯이, 우리의 근시안적인 태도(단기적인 일에만 지나치게 집중하는)가 상황을 더 악화시킨다. 주가는 변동성이 강하기 때문에 포트폴리오를 자꾸 확인하면 할수록 손실을 볼 가능성이 커진다. 포트폴리오를 계속 확인하고 싶은 유혹을 물리칠 수만 있다면 얼마나 좋을까! 연구 결과, 사람들이 보유 주식의 수익률을 자주 확인하지 않을 때 더 많은 투자를 할 의향이 생긴다는 것이 밝혀졌다.[*]

제비뽑기에 참여한다고 해보자. 당신은 빨간색, 흰색, 파란색의 세 가지 색상 중 하나를 배정받았다. 그런데 당신이 돈을 따느냐 못 따느냐는, 어떤 사람이 이 세 가지 색이 모두 동일한 수만큼 들어 있는 모자에서 당신과 똑같은 색을 뽑느냐에 달려 있다. 당신이 돈을 딸 확률은 33퍼센트다. 라운드마다 100달러가 지급되면, 이 100달러 중 얼마를 걸 것인지 정해야 한다. 이기면 건 돈의 2.5배를 받고, 지면 건 돈을 모두 잃는다.

연구자들은 이 게임을 두 가지 버전으로 진행했는데, 각각 9라운드씩 진행해야 했다. 첫 번째 버전의 게임을 할 때는, 참가자들이 각 라운드를 시작하기 전에 돈을 얼마나 걸지 얘기해야 했다. 두 번째

---

[*] M. S. Haigh & J. A. List, "Do Professional Traders Exhibit Myopic Loss Aversion? An Experimental Analysis," 〈재무학 저널〉 LX (2005): 523-534.

버전에서도 자기가 각 라운드에 걸 액수를 얘기했지만, 이때는 세 라운드씩 묶어서 말했다.

학생 그룹과 전문 트레이더 그룹이 이 게임에 참여했다. 학생들의 경우, 내기할 액수를 라운드마다 따로 물어봤을 때는 평균 51달러를 걸었고, 세 라운드씩 묶어서 물어봤을 때는 평균 62달러를 걸었다. 트레이더들의 경우, 라운드별로 물어봤을 때는 45달러밖에 걸지 않았지만 세 라운드씩 묶어서 물어보자 각 라운드에 75달러를 걸겠다고 했다. 트레이더들이 학생들보다 더 근시안적인 손실 기피를 드러낸 것이다. 따라서 경험과 동기가 행동 편향을 없애줄 거라는 생각은 사실이 아님을 알 수 있다.

조엘 그린블라트는 《주식시장을 이기는 작은 책The Littel Book that Beats the Market》에서, 손실 기피는 그가 알려주는 마법 같은 공식에 따라 투자하는 것을 가로막는 수많은 행동 편향 중 하나라고 지적한다. 그는 이렇게 썼다. "몇 달 혹은 심지어 몇 년 동안 시장 평균보다도 못한 실적을 내는 주식을 매일 부지런히 지켜본다고 상상해보라. …… 마법의 공식에 따라 투자한 포트폴리오도 12개월 중 5개월은 시장 평균보다 저조한 성과를 올렸다. 연간 수익률로 따지면, 마법의 공식을 이용한 포트폴리오는 4년에 한 번꼴로 시장 평균을 넘어서지 못했다". 우리 같은 가치투자자들은 이럴 때 기분이 어떤지 정확히 알고 있다.

나는 일부 펀드매니저들이 자기 포트폴리오 실적을 실시간으로

투자하는 마음

확인한다는 사실에 매우 놀랐다. 그들은 자기가 돈을 얼마나 버는지 혹은 잃는지를 초 단위로 확인할 수 있다. 이보다 더 좋지 않은 관행은 상상하기 힘들 정도다. 충분한 검토를 거쳐 장기적으로 높은 가치가 있으리라고 생각되는 종목들을 선택했다면, 매일 혹은 매초 그 실적을 확인할 필요는 없다고 생각한다. 내 개인 포트폴리오는 장기적으로 좋은 성과를 낼 종목들로만 채워져 있지만 단기적인 손실까지 피할 수는 없기 때문에 나는 평소에 포트폴리오 실적을 거의 확인하지 않는다.

세스 클라먼도 나와 같은 생각을 갖고 있다. 그는 자신의 포트폴리오 실적을 실시간으로 측정할 수 있는 기술이 존재하더라도, 그것은 장기 투자에 집중하려는 그의 전략과 완전히 상반되기 때문에 이용하고 싶지 않다고 말했다. 그러나 장기적인 투자를 통해 많은 수익을 올리는 것을 목표로 삼아야 하는 투자 관리자들이 우수한 일간 실적이나 주간 실적을 올리기 위해 전전긍긍하는 모습을 자주 볼 수 있다. 이런 행동은 비합리적인 데다가 장기적으로는 수익을 저해할 수도 있다.

꧁ 매도가 힘든 이유
....

투자자들이 손실을 입었을 때 어떤 일이 일어나는지는 이미 살펴봤다. 그들은 말기의 마비 상태가 된다(2장 참조). 그러나 손실 후의 행동과 손실을 발생시킬 위험이 있는 행동 사이에는 미묘하지만 중요한 차이가 있다.

다음과 같은 선택 사항을 고려해보자.

A. 2만 4,000달러의 확실한 이득

　　혹은

B. 10만 달러를 얻을 가능성이 25퍼센트이고 아무것도 얻지 못할 가능성이 75퍼센트

　　그리고

C. 7만 5,000달러의 확실한 손실

　　혹은

D. 10만 달러를 잃을 가능성이 75퍼센트이고 아무것도 잃지 않을 가능성이 25퍼센트

　실험을 거듭한 결과, 대부분의 사람들은 A와 D를 선택하지만 이 조합은 별로 합리적이지 않다. 옵션 B의 예상 이득은 2만 5,000달러이므로, B가 아닌 A를 선택하는 것은 위험 회피 성향과 일치한다. 하지만 C가 아니라 D를 선택하는 것은 위험 선호다. D의 예상 가치는 마이너스 7만 5,000달러인데, C는 손실액이 확실히 정해져 있는 반면 D는 10만 달러를 잃을 가능성이 있기 때문이다.

손실에 대한 반감과 잠재적 손실에 직면했을 때 도박을 하려는 의지를 종합해보면 투자자들의 행동에 대한 강력한 통찰을 얻을 수 있다. 이상하게도 사람들은 이런저런 이유 때문에, 실현되기 전의 손실은 손실이 아니라고 생각한다. 이런 생각 때문에 투자자들은 손실을 가져다주는 주식은 계속 보유하면서 수익이 괜찮은 주식은 처분하곤 하는데, 이를 '처분 효과'라고 한다.

4장에서 얘기한 테리 오딘은 개인 투자자들에게서 볼 수 있는 이런 나쁜 습관을 탐구했다.* 그는 1987년부터 1993년까지 할인 증권사에 개설된 주식 계좌 1만 개의 데이터를 조사했다. 각 계좌의 매수와 매도 기록을 살펴본 오딘은, 손실이 난 주식의 보유 기간은 평균 124일이고 이익이 난 주식의 보유 기간은 평균 102일이라는 것을 알아냈다. 그는 또 손실이 난 주식 중에서 실제로 매도한 비율과 수익이 난 주식 중에서 실제로 이익을 실현한 비율도 계산해봤다.

그 결과, 오딘은 개인 투자자들이 수익이 난 주식은 평균 15퍼센트 매도한 반면 손실이 난 주식은 9퍼센트만 매도했다는 사실을 알아냈다. 손실이 난 주식보다 수익이 난 주식을 1.7배나 더 많이 매도한 것이다.

주식을 보유하는 가장 일반적인 이유 중 하나는 나중에 그 주식이 다시 반등할 것이라는 믿음이다. 이런 믿음은 과잉 낙관(3장)과

---

* Terrance Odean, "Are Investors Reluctant to Realize Their Losses?" 〈재무학 저널〉 LIII (1998): 1775-1798.

과신(4장)부터 자기 귀인 편향(12장)에 이르기까지 수많은 심리적 결함 때문에 생길 수 있다. 오딘은 투자자들이 계속 보유하고 있는 손실 주식의 회복을 얼마나 정확히 예측하는지도 조사해봤다. 안타깝게도, 그는 수익이 나서 매도한 주식의 연평균 수익률이 계속 보유 중인 손실 주식의 수익률보다 3.4퍼센트 정도 높다는 사실을 알아냈다.

앞서도 얘기했지만, 전문 투자자들은 이런 연구 결과를 무시하는 경우가 많다. 일반적으로 그들은 이런 행동경제학 이론은 개인 투자자에게는 적용되지만 자신들에게는 그렇지 않다고 가정한다(이 또한 자신들의 능력을 지나치게 과신하기 때문이다!).

하지만 이런 과신은 아무래도 부적절한 태도인 듯하다. 뮤추얼펀드매니저들의 행동을 조사한 뉴욕대학 경영대학원의 안드레아 쁘라찌니 교수는 이렇게 노련한 전문가들도 손실 기피를 겪는다는 사실을 알아냈다.* 쁘라찌니는 1980년부터 2002년까지 미국 뮤추얼펀드 3만 개에 대한 보유 내역과 거래 기록을 분석했다.

그는 전체 펀드 가운데 17.6퍼센트는 이익이 실현되었지만, 14.5퍼센트는 손실이 확정되었다는 것을 알아냈다. 전문 투자자들도 손실이 난 주식보다 이익이 난 주식을 매도할 가능성이 1.2배 더 높았다. 하지만 쁘라찌니는 이 분석을 한 단계 더 진전시켜서, 최근 12

---

* Andrea Frazzini, "The Disposition Effect and Under-Reaction to News," 〈재무학 저널〉 LXI (2006) 2017-2046.

개월 동안의 실적을 기준으로 뮤추얼펀드 순위를 매겼다. 가장 좋은 실적을 올린 펀드는 손실 확정 비율이 가장 높은(즉 손실 회피가 가장 적은) 펀드였다. 실적이 가장 좋은 펀드의 경우, 손실이 난 주식보다 수익이 난 주식을 매도할 확률이 1.2배 이하였다. 실적이 가장 나쁜 펀드는 손실 확정 비율이 가장 낮아서, 개인 투자자와 비슷한 수준의 손실 회피를 보였다. 이들은 손실이 난 주식보다 수익이 난 주식을 매도할 가능성이 1.7배 높았다. 결국 전문 투자자들도 개인 투자자처럼 처분 효과에 시달릴 수 있다는 얘기다.

손절매는 모멘텀이 발생한 시장에서 처분 효과를 완화하는 데 도움이 되는 유용한 사전 조치가 될 수 있다. 실제로 처분 효과는 모멘텀의 특징인 과소 반응을 일으킬 수 있다. 어떤 주식의 수익 보고가 괜찮게 나와서 가격이 오른다고 가정해보자. 투자자들은 수익이 난 주식은 거리낌 없이 팔기 때문에 시장에는 매도 물량이 많이 나올 것이다. 따라서 이 주식 가격은 단번에 최고 수준까지 오르지 못한다. 반대로 기업의 수익 보고가 저조할 경우 주가가 떨어질 수도 있지만, 투자자들은 손실을 확정하는 것을 주저한다. 그들은 주가가 회복되길 기대하면서 그 주식을 팔지 않고 계속 보유한다. 그래서 처분 효과가 나타나는 세상에서는 주가가 새로운 정보에 서서히 적응한다. 손절매는 처분 효과의 미끄러운 경사면으로 굴러 떨어지는 것을 막아주는 트리거 역할을 할 수 있다.

📈 가치를 뛰어넘는 소유 효과의 문제점

당신이 몇 년 전에 15달러를 주고 와인 한 병을 샀다고 하자. 그런데 그 와인 가격이 크게 올라서 지금은 경매에서 150달러 이상에 팔리고 있다. 이런 상황이라면 당신은 그 와인을 한 병 더 사겠는가, 아니면 가지고 있는 것은 팔겠는가? 제일 많이 나오는 대답은 "더 사지도 팔지도 않는다"는 것이다. 이런 상황에서 사람들은 대부분 와인을 사거나 팔고 싶어 하지 않는다.

다른 경우를 생각해보자. 당신은 지난 3개월 사이에 주가가 30퍼센트 하락한 주식을 갖고 있다. 우리가 알고 있는 손실 기피 경향을 고려하면, 당신은 그것을 계속 보유할 가능성이 크다. 하지만 당신이 차를 끓이려고 주전자 앞에 서 있는 동안, 네 살배기 조카가 좋아하는 〈토마스와 친구들〉 게임을 찾으려고 컴퓨터 버튼을 아무거나 막 누르기 시작했다. 얼마 후 책상 앞으로 돌아온 당신은 보유하고 있던 주식을 조카가 전부 팔아버렸다는 사실을 알았다. 이런 상황이라면 어떻게 하겠는가? 그동안 그렇게 팔기를 꺼렸던 주식을 다시 사겠는가? 이 질문을 던지면 주식을 다시 사겠다는 사람은 거의 없다.

이 두 가지 시나리오는 현상 유지 편향이라고도 하는 무행동 관성의 예를 보여준다. 이는 또한 소유 효과의 예이기도 하다. 간단히 말해서 소유 효과란 뭔가를 소유하게 되면 다른 사람들보다 그것에 더 높은 가치를 부여하는 것을 말한다.

소유 효과는 강의실에서도 비교적 쉽게 입증할 수 있다. 강의실에 있는 학생들 중 절반에게 무작위로 머그잔(펜이나 다른 물건도 괜찮다)을 나눠준다. 그리고 머그잔을 가진 학생이 머그잔이 없는 학생들에게 이를 팔 수 있는 시장이 생길 것이라고 얘기한다. 머그잔을 무작위로 나눠줬기 때문에 대략 절반 정도는 거래를 원할 것이다. 따라서 예측 거래량은 50퍼센트다. 그러나 이런 시장에서 실제로 거래되는 양은 대부분 예상보다 적다. 사실 많은 실험 결과, 실제로 거래된 양은 10퍼센트 정도에 불과했다. 거래가 잘 이루어지지 않는 가장 큰 이유는 물건을 사려는 사람과 팔려는 사람 사이에 엄청난 가격 차이가 존재하기 때문이다.

이 실험에서 사용한 머그잔은 대학 기념품점에서 6달러에 판매하는 것이었다. 머그잔을 가진 이들은 평균 5.25달러에서 팔고 싶어 했지만, 사려는 이들은 2.5달러가 넘는 머그잔은 살 생각이 없었다. 머그잔을 소유하게 된 지 몇 분밖에 안 됐음에도 불구하고, 판매자들은 벌써 구매자가 지불할 용의가 있는 금액의 두 배를 요구하게 된 것이다. 이렇듯 소유권은 가치에 대한 사람들의 인식을 엄청나게 왜곡하는 듯하다.

이런 소유 효과가 생기는 이유는 구매를 꺼리기 때문일까, 아니면 판매를 꺼리기 때문일까? 시장에 세 번째 부류의 플레이어를 추가하면 이 두 가지 요인의 상대적인 중요성을 평가할 수 있다. 연구진은 구매자와 판매자 외에 선택자를 시장에 도입했다. 이번에도 강의실에 있는 학생들에게 무작위로 머그잔을 나눠줬다. 그리고 판매자에게 머그잔을 0.25달러에서 9.25달러 사이의 가격으로 팔 의향이 있는지 물었다. 구매자에게도 같은 가격대의 머그잔을 살 의향이 있는지 물어봤다. 그리고 세 번째 그룹인 선택자들에게는 머그잔을 주지 않은 채로, 각각의 가격에 대해 머그잔을 받을 것인지 아니면 그에 상응하는 금액을 받을 것인지 선택하게 했다.

이론적으로는 선택자와 판매자가 정확히 같은 상황에 놓여 있다. 두 그룹 모두 각 가격대에서 머그잔을 선택할지 돈을 선택할지 결정할 수 있었다. 유일한 차이점은 선택자들은 머그잔을 실제로 소유하고 있지 않는다는 것이었다. 그러나 야구의 전설적인 포수이자 지도자인 요기 베라가 말한 것처럼, "이론상으로는 이론과 실제 사이에 차이가 없다. 하지만 실제로는 차이가 있다!"

선택자가 제시한 가격은 대체로 구매자가 부른 가격보다는 높았지만(평균 약 50퍼센트), 여전히 판매자들이 원하는 가격에는 훨씬 못 미쳤다. 판매자는 구매자들이 기꺼이 지불하려는 가격보다 평균 세 배 가까이 높은 가격을 불렀고, 이는 선택자들이 거래하려는 가격에 비해서도 두 배 정도 비쌌다. 이는 해당 물건을 소유한 지 몇 분밖에 안 됐는데도 벌써 본인의 자산을 내주기를 주저하는 소유 효과가 작용한다는 명백한 증거다.

다음에 특정 회사에 대한 투자를 고려할 때는 이런 효과를 생각해보자. 이미 그 회사 주식을 갖고 있다면, 단순히 그것을 보유하고 있다는 이유만으로 그 주식에 보증된 것보다 더 높은 가치를 부여할 수도 있다. 매버릭 캐피털의 리 아인슬리도 이런 문제점을 알고 있다. 그는 주식을 살 때 평가한 가치와 팔 때 평가한 가치를 비교해서 자신의 생각이 맞는지 확인했다. 아인슬리는 이렇게 말했다. "이 주식은 현재 가격대에서 투입 자본을 늘릴 만한 가치가 있을 수도 있고 없을 수도 있다. 이런 경우에는 그 주식을 팔아서 투자 자본을 늘릴 만한 가치가 있는 주식을 사라".

모든 투자자가 직면할 수 있는 가장 큰 과제 중 하나는 손실에 직면했을 때 어떻게 해야 하는지 아는 것이다. 펀드매니저 리처드 프제나는 이렇게 말한다. "가치투자자인 당신이 가치를 더할 수 있는 가장 중요한 방법은 주가가 25퍼센트나 빠진 상황에서 잘 대응하는 것이다. 때로는 더 많이 사야 하고, 때로는 손을 털고 나와야 하며, 때로는 가만히 있어야 한다. …… 아마 우리 중 40퍼센트는 보유한 주식을 꽉 쥐고 있을 테고, 나머지는 50 대 50으로 나뉘어서 추가 매수를 하거나 발을 뺄 것이다".

전설적인 자산운용사 트위디 브라운의 대표 크리스토퍼 브라운은 투자 자산 매각과 관련해 우리가 다음과 같이 해야 한다고 말했다.

'장기 보유할 주식'과 담배꽁초 주식을 확실히 구분해서 팔아야 한다. 담배꽁초 주식이 오르면 무조건 팔고 나와야 한다. 곧 다시 내려갈 게 뻔하니까 말이다. 하지만 존슨앤드존슨 같은 경우에는 주가가 내재가치에 도달하면 자신이 수익률을 더 높일 자신이 있는지, 어떤 대안을 갖고 있는지 등에 따라 판단해야 한다.

투자자들은 '담배꽁초'와 '장기 보유 주식'의 차이를 제대로 알고 있어야 한다. 워런 버핏은 자신의 멘토인 벤 그레이엄의 투자 방식을 담배꽁초 투자라고 불렀다. 기본적인 산업 경제와 무관한 싸구려 주식을 사뒀다가 내재가치에 근접하면 파는 방식이다. 브라운이 장기 보유 주식이라고 부르는 주식은 시간이 지남에 따라 내재가치가 커져서 투자자가 오랜 시간이 흐른 뒤에 보상을 받게 된다(시장 가격이 내재가치를 크게 앞지르지 않는다고 가정할 때).

나는 컨트리나 웨스턴 음악을 별로 좋아하지 않지만 우리 아버지는 케니 로저스의 열렬한 팬이었는데, 그의 노래 '갬블러'의 가사에는 투자자들에게 유용한 조언이 담겨 있다. "언제 들고 있어야 하는지, 언제 접어야 하는지, 언제 자리에서 일어나야 하는지, 언제 도망가야 하는지 알아야 해. 테이블에 앉아 있는 동안에는 절대 돈을 세지 마. 게임이 끝난 뒤에도 시간은 충분하니까".

투자하는 마음은 디테일보다
프로세스를 중시한다

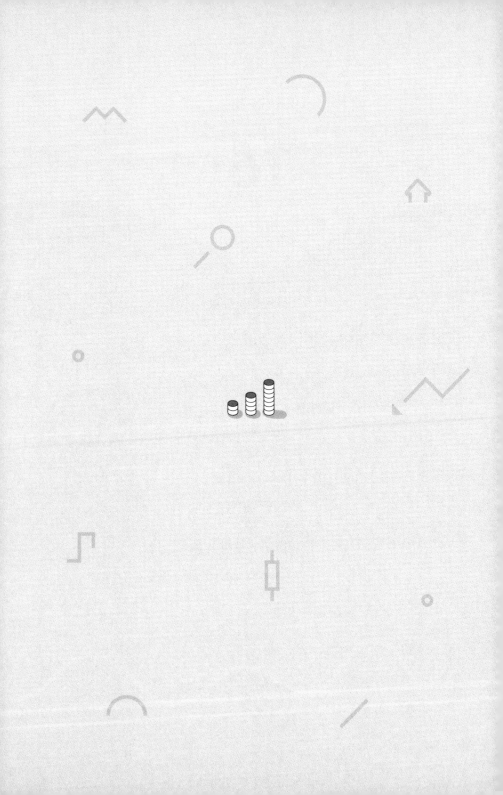

올림픽 경기에 출전해서 메달을 딴 선수들을 인터뷰할 때면, 기자들이 항상 "경기 시작 전에 무슨 생각을 했습니까? 금메달을 딸 거라는 예감이 들었나요?" 같은 판에 박힌 질문을 던지는 것을 보게 된다. 그러면 선수들은 늘 결과가 아니라 과정에 집중했다고들 말한다. 이와 비슷한 연장 선상에서, 나는 우연히 폴 디포데스타가 2008년 6월 10일에 자기 블로그에 쓴 다음과 같은 글을 읽게 되었다. 디포데스타를 모르는 이들을 위해 설명하자면, 그는 샌디에이고 파드리스팀의 야구 운영본부 특별보좌관이고 예전에는 LA 다저스팀의 단장을 역임했다. 논픽션 분야 베스트셀러 작가인 마이클 루이스가 쓴 《머니볼Moneyball》을 읽어본 사람이라면 디포데스타를 따로 소개할 필요가 없을 것이다.

몇 년 전, 어느 토요일 밤에 사람들이 꽉 들어찬 라스베이거스의 한 카지노에서 블랙잭blackjack(카드 숫자의 합이 21에 가장 가까운 사람이 이기는 게임으로, 21을 초과하면 자동으로 패한다-옮긴이) 게임을 한 적이 있다. 나는 카드를 마지막으로 받는 서드 베이스에 앉아 있었는데, 퍼스트 베이스에 앉은 사람이 계속 지고 있었다. 그는 카지노에서 주는 공짜 음료의 혜택은 봤겠지만, 20분마다 호주머니 돈을 잃고 있는 듯했다. 그러던 중에 그 사람이 처음 받은 두 장의 카드에서 17이 나왔다. 딜러가 다음 카드를 돌리면서 그 사람은 건너뛰려고 하자, 그가 딜러를 부르더니 "히트(다른 카드 1장을 더 받는 것-옮긴이)!"라고 외쳤다. 딜러는 잠시 손을 멈추더니 안타까운 목소리로 "정말이세요?"라고 물었다.

그가 그렇다고 하자 딜러가 카드를 돌렸다. 그런데 놀랍게도 4가 나왔다.

순간 다들 환호성을 지르며 하이파이브를 하고 웃고 소리를 질러대 주변이 떠들썩해졌다. 그때 딜러가 뭐라고 했는지 아는가? 딜러는 진심이 담긴 눈빛으로 그 사람을 바라보면서 "나이스 히트"라고 말했다. 그 말을 듣고 생각했다. "나이스 히트? 카지노 입장에서는 나이스 히트였을지 모르겠지만, 저 사람에게는 끔찍한 히트였어! 결과가 좋게 나왔다고 해서 그런 결정을 정당화할 수는 없다고".

난 블랙잭을 하다가 돈을 다 잃었기 때문에, 남은 주말 시간에는 그냥 카지노 안을 어슬렁거리면서 다른 게임들이 어떤 식으로 진행되는지 살펴봤다. 사실 카지노의 모든 게임에는 승산이 있고, 이길 수 있는 확률은 전부 카지노 측에 유리하게 되어 있다. 그렇다고 카지노 측이 매 게임에서 혹은 주사위를 굴릴 때마다 이기는 건 아니지만 질 때보다는 이길 때가 많다. 아, 내 말을 오해하지는 말기 바란다. 카지노 측은 게임 결과에도 확실히 신경을 쓰니까.

하지만 좋은 결과를 얻기 위한 그들의 접근 방법은 오로지 과정에만 초점을 맞추고 있다. 그래서 인정사정없는 카지노 구역 책임자 같은 사람들이 있는 것이다. 야구도 이와 똑같은 렌즈를 통해 볼 수 있다. 야구는 1년에 162번씩(가끔은 163번) 이기거나 지기 때문에 확실히 결과 지향적인 일이다. 게다가 우리는 매번 이길 수 없다는 것을 안다. 사실 60퍼센트만 이겨도 굉장한 성적이며, 이는 대부분의 게임에서 하우스 배당률을 훨씬 초과하는 비율이다. 카지노처럼 야구도 결과만 따지는 것처럼 보이지만, 한 경기 혹은 심지어 한 타석에서 진행되는 모든 과정을 생각해보라.

몇 년 전에 《통섭과 투자More Than You Know》라는 훌륭한 책을 쓴 마이클 모부신과 토론한 적이 있는데, 그는 이 개념을 설명하기 위해 루소와 슈메이커의 책 《이기는 결정Winning Decisions》에 나온 아주 간단한 표를 보여줬다.

	좋은 결과	나쁜 결과
좋은 과정	성공할 자격이 있음	불운
나쁜 과정	뜻밖의 행운	인과응보

우리는 모두 왼쪽 상단과 같은 결과, 즉 좋은 과정과 그에 따른 좋은 결과를 얻길 바란다. 카지노가 먹고 사는 것도 사람들의 이런 기대감 때문이다. 오클랜드 어슬레틱스와 샌디에이고 파드리스도 프로 야구 정규 시즌에 이 자리를 계속 유지했으면 좋겠다. 그러나 오른쪽 상단은 불확실성이 지배하는 업계에서 모두가 직면하는 힘든 현실이다. 현실 세계에서는 과정이 좋아도 결과가 나쁘게 나올 수 있다. 사실 그런 일은 항상 일어난다. 카지노에서 그 남자가 17에서 히트를 외쳐 돈을 땄을 때 카지노 측에 벌어진 일이 바로 이거다. 어슬레틱스와 파드리스도 포스트 시즌에 이런 일을 겪었다.

좋은 과정과 나쁜 결과의 조합도 견디기 힘들지만, 가장 나쁜 건 왼쪽 하단의 나쁜 과정/좋은 결과다. 이것은 양의 탈을 쓴 늑대로, 한 번 정도는 성공할 수도 있겠지만 꾸준히 성공할 가능성은 거의 없다. 앞의 사례처럼 들고 있던 카드 합이 17일 때 다음 카드로 4를 받는 행운이 계속 이어지지는 않는 것처럼 말이다. 더군다나 승리를 거둔 뒤에 거울을 들여다보면서 운이 좋아서 이긴 거

CHAPTER 16. 투자하는 마음은 디테일보다 프로세스를 중시한다

라고 인정하기는 매우 어렵다. 하지만 그것을 인정하지 않는다면 나쁜 과정은 계속될 테고, 한 번 일어났던 좋은 결과는 앞으로 당신을 피해 다닐 것이다. 솔직히 말해서 이는 오클랜드 어슬레틱스의 단장인 빌리 빈이 성공할 수 있었던 이유 중 하나다. 그는 좋은 결과를 얻은 건 행운 덕분이라는 사실을 금방 알아차리고 스스로를 칭찬하기를 거부했다.

파드리스는 모든 단위에서 치르는 모든 경기를 이기고 싶어 했고, 선수들이 내리는 결정이 전부 옳은 결정이기를 바랐다. 하지만 불확실한 부분…… 우리가 통제할 수 없는 부분이 너무 많기 때문에 그건 불가능한 일이다. 그래도 그 과정은 우리가 통제할 수 있다.

챔피언 팀들은 때로 나쁜 과정을 거쳐 좋은 결과를 얻기도 할 것이다.

그러나 챔피언 조직은 이 표의 윗부분에만 존재한다.

나는 디포데스타가 얘기한 야구 경기 과정과 투자 과정에 유사점이 있다고 생각한다. 우리는 직접 통제할 수 없는 결과에 집착한다. 하지만 투자 과정은 통제할 수 있다. 투자자로서 우리가 집중해야 할 부분은 바로 이것이다. 수익률 관리는 불가능하고 리스크 관리는 환상에 불과하지만, 투자 과정에는 영향력을 행사할 수 있다.

벤 그레이엄은 과정에 집중하는 것이 중요하다는 사실을 알고 있었다. 그는 이렇게 썼다.

브리지 게임 전문가들은 게임을 할 때 이기는 것보다 제대로 하는 것을 중요하게 여긴다는 말을 다시 생각해보자. 당신도 알다시피, 게임을 제대로 하면 장기적으로 돈을 벌지만 제대로 하지 않으면 잃게 되기 때문이다. 남편과 아내가 팀을 이룬 게임에서 매번 지기만 하던 남편에 관한 멋진 이야기가 있다. 게임 중에 그랜드슬램(브리지 게임에서 패 13장을 전부 따는 것-옮긴이)을 부른 그는 게임이 끝난 뒤 의기양양하게 말했다. "당신은 게임할 때마다 항상 날 보면서 얼굴을 찌푸리잖아요. 하지만 이번엔 내가 그랜드슬램을 불렀고 실제로 성공했어요. 어때요?" 그러자 그의 아내는 매우 시무룩하게 대답했다. "당신이 게임을 제대로 했다면 졌을 거예요".

📈 과정의 심리학

투자할 때는 결과보다 과정에 집중하는 것이 매우 중요하다. 이 책에서도 봤듯이, 훌륭한 투자가가 될 수 있는 마법의 지름길 같은 것은 없다. 이제까지 언급한 투자자들은 자신의 행동 편향을 발견하고 이런 타고난 성향을 극복할 방법을 찾으려고 노력했다.

투자에는 시간이라는 요소가 포함되기 때문에 결과가 매우 불안정하다. 실제로 5년 뒤에 일어날 일은 알아맞히면서 6개월 뒤의 전망은 틀릴 수 있고, 그 반대의 경우도 있을 수 있다. 또 가격 변동성이 기업의 본질적인 변동성보다 훨씬 심하다는 사실도 알아야 한다.

사람들은 종종 과거에 내린 결정을 그 당시 알고 있던 정보에 기초해 옳은 결정이었는지 판단하기보다, 최종적인 결과로 판단하려고 한다. 이는 결과 편향이다.

다음과 같은 경우, 의사의 결정 과정(결과가 아니라)이 건전했는지 평가해보자.

심장 질환을 앓는 55세의 남성이 있다. 그는 자기 일을 좋아해서 계속하고 싶었지만, 가슴 통증 때문에 어쩔 수 없이 일을 그만둬야 했다. 통증은 여행이나 여가 활동 같은 다른 즐거움도 방해했다. 심혈관 우회 수술을 받으면 통증이 감소하고 기대 수명이 65세에서 70세로 늘어날 것이다. 하지만 이 수술을 받는 사람은 수술 과정에서 사망할 확률이 8퍼센트이다. 그의 주치의는 수술을 진행하기로 결정했고, 결과는 성공적이었다.

수술을 진행하기로 한 의사의 결정을 다음의 척도에 따라 평가해보자.

3 — 확실히 옳은 결정이었고, 그와 반대되는 결정은 용납할 수 없다.

2 — 모든 사항을 고려할 때 옳은 결정이었다.

1 — 옳은 결정이지만, 그와 반대되는 결정도 합리적이다.

0 — 이 결정과 반대 결정 모두 똑같이 옳다.

-1 — 잘못된 결정이지만 불합리하지는 않다.

-2 — 모든 사항을 고려할 때 잘못된 결정이었다.

-3 — 잘못된 결정이고 용납할 수 없다.

이번에는 똑같은 결정을 내렸지만, 수술이 실패해서 환자가 죽은 상황을 상상해보자. 물론 이번에도 의사가 내린 결정이 올바른지 여부를 결과에 따라 판단해서는 안 된다. 의사도 사건이 벌어지기 전에는 결과를 알 수 없기 때문이다. 그러나 사람들에게 이런 시나리오를 제시했을 때, 결과가 좋으면 항상 그 결정이 훨씬 좋은 평가를 받는다.*

결과에만 집중하다 보면 원치 않는 행동을 하게 될 수도 있다는 것을 보여주는 심리학적인 증거도 있다. 예를 들어, 단기 실적에만 집착하는 펀드매니저는 고객에게 가장 좋은 기회를 안겨주는 주식보다 고객을 쉽게 납득시킬 수 있는 주식을 매입하게 된다.

일반적으로, 결과에 책임을 지도록 하면 다음과 같은 행동이 증가하는 경향이 있다.**

- 확실한 결과에만 집중하는 모호성 기피 현상이 나타난다.
- 유용하든 그렇지 않든 가리지 않고 모든 정보를 모아서 사용한다.

---

* J. Baron & J. C. Hershey, "Outcome Bias in Decision Evaluation," 〈성격 및 사회 심리학 저널〉 54 (1988): 569-579.
** J. S. Lerner & P. E. Tetlock, "Accounting for the Effects of Accountability," 〈심리학 회보〉 125 (1999): 255-275.

- 타협 가능한 옵션을 선호한다.
- 혼합된 기능이 있는 제품보다 모든 면에서 평균적인 기능을 가진 제품을 선택한다(네 가지 특징이 있는 경우, 두 가지는 좋은 것을 고르고 두 가지는 나쁜 것을 고르는 등).
- 손실 회피의 정도를 겉으로 드러낸다.

위에서 얘기한 특징 가운데 투자자에게 도움이 되는 것은 아무것도 없다. 모든 결정을 결과에 따라 측정한다면, 투자자들은 불확실성을 피하고 주위에서 들리는 이야기나 합의된 사항만 쫓아다닐 가능성이 있다. 이는 오늘날의 투자업계 모습을 잘 묘사하는 듯하다.

📈 과정에 대한 책임

하지만 결과에서 과정으로 관점을 옮기면 상황이 나아지기 시작한다. 당신이 무알코올 맥주와 라이트 맥주(진짜 에일 맥주만 마시는 나 같은 사람한테는 끔찍한 아이디어처럼 보인다)를 유럽에 유통할 계획인 미국 양조회사에서 일한다고 해보자. 데이터에 따르면 시험 판매 기간에는 두 제품이 거의 동일한 판매 실적을 올렸다.

당신의 임무는 두 제품 중 어느 쪽에 300만 달러의 추가 자금을 지원할지 결정하는 것이다. 이때 추가적인 자금 지원이 제품과 회사에 안겨줄 잠재적 이익을 고려해서 결정을 내려야 한다. 그리고 결정한 제품과 그 제품을 선택하게 된 이유를 짤막하게 기술해야 한다.

그 후 본사에서 다음과 같은 연락을 받았다. "(귀하가 선택한) 맥주에 300만 달러를 추가 지원하는 것이 좋겠다는 권고를 대표님이 받아들여 시행했습니다. 하지만 다음 페이지에 나와 있는 것처럼, 다소 실망스러운 결과가 나왔습니다".

데이터를 확인해보니, 당신이 선택한 제품의 판매량과 수익이 처음에는 괜찮았지만 갈수록 판매가 감소하더니 결국 일정하게 낮은 판매 패턴이 정착되었다. 데이터에는 다른 제품의 매출과 이익 자료도 포함되어 있었다. 다른 제품도 처음에는 판매량이 높았다가 떨어졌지만, 결국 당신이 선택한 제품보다는 높은 수준에서 안정화됐다.

얼마 후, 회사가 추가로 1,000만 달러의 자금을 지원하기로 했다는 소식을 들려왔다. 그런데 이번에는 두 맥주에 돈을 나눠서 지원할 수 있다. 이 경우 1,000만 달러를 두 맥주에 어떻게 배분하겠는가?

결정을 내리기 전에 다음 세 가지 중 한 가지 설명이 주어진다.

1. 당신이 받은 정보는 올바른 결정을 내리기에 충분한 정보다. - 기준 정보
2. 당신이 특별히 좋은 선택 또는 나쁜 선택을 할 경우, 그 결과가

학생과 강사에게 공개될 것이다. 또 당신이 내린 결정의 결과를 바탕으로 성과를 판단할 것이다. - 결과 책임

3. 전략의 결과보다 결정 과정에서 전략을 효율적으로 활용했는지에 따라 평가가 이루어진다. 이때도 당신이 특별히 좋은 선택 또는 나쁜 선택 과정을 이용할 경우, 그 결과가 학생과 강사에게 공개될 것이다. - 과정 책임

이 가운데 어떤 설명을 들었는지에 따라 개발비 할당에 큰 차이가 생긴다.* 결정의 결과에 집중한 그룹은 처음 선택했던 맥주에 평균 580만 달러를 배정하기로 했다. 이는 9장에서 살펴본 매몰 비용 오류의 전형적인 예다.

그에 비해 기준 정보가 주어진 참가자들은 돈을 비교적 균등하게 나눠서 기존에 선택했던 맥주에 510만 달러를 지원했다. 하지만 결과보다 결정 과정에 집중하라는 말을 들은 집단이 훨씬 더 나은 결정을 내렸다. 처음에 선택했던 맥주에는 400만 달러만 배정하고, 나머지는 다 인기 있는 맥주에 할당한 것이다.

과정에 집중한 덕에 더 좋은 결정을 내리게 된 듯하다.

이는 투자의 경우에도 마찬가지다. 과정에만 집중하면 수익률처

---

* I. Simonson & B. M. Straw, "Deescalation Strategies: A Comparison of Techniques for Reducing Commitment to Losing Courses of Action," 〈응용 심리학 저널(Journal of Applied Psychology)〉 77 (1992): 419-426.

럼 우리가 사실상 통제할 수 없는 투자 측면에 대한 걱정에서 벗어날 수 있다. 또 과정에 집중하면 만족스러운 장기 수익을 올릴 수 있는 잠재력이 극대화된다.

하지만 안타깝게도 과정과 그 장기적인 이익에 집중하는 것은 단기 수익에는 도움이 되지 않을 수도 있다. 실적이 떨어지는 동안에는 항상 과정을 바꿔야 한다는 압박이 가중된다. 하지만 잘못된 과정에서 좋은 결과가 나올 수 있는 것처럼, 건전한 과정에서 좋지 않은 결과가 나올 수도 있다. 아마 다들 위대한 존 템플턴 경의 말을 기억하는 게 좋을 것이다. "자신의 투자법을 되돌아봐야 하는 때는 큰 실수를 저질렀을 때가 아니라 가장 큰 성공을 거뒀을 때다". 또 벤 그레이엄이 한 말도 잊지 말자. "가치투자는 본질적으로 건전한 방법이다. …… 그 원칙에 전념하면서 계속 고수해야 한다. 그리고 잘못된 길로 빠져서는 안 된다".

자기 자신을 이기기 위한 첫걸음

이제 고백해야 할 시간이다. 나를 아는 사람이라면 누구나 증명해주겠지만, 나는 과체중이다(몸무게에 비해 키가 작은 것뿐이라고 생각하고 싶지만). 사실 키와 몸무게를 비교하는 체질량 지수(이런 건 사이즈 파시스트가 만든 것이 틀림없다)에 따르면, 나는 과체중과 비만의 경계선에 있다.

이 문제를 해결할 방법은 잘 알고 있다. 그냥 먹는 것을 줄이면 된다. 하지만 실천하기가 매우 어렵다는 것도 안다. 그래서 방법을 알지만 아무것도 바뀌지 않는 것이다. 즉 지식이 나를 더 나은 행동으로 이끌지 못했다. 나는 그 정보를 '알면서도 무시하기로 한 것'의 범주에 넣었다.

브라이언 완싱크는 《나는 왜 과식하는가Mindless Eating》라는 음식 심리에 관한 훌륭한 책을 썼다. 그와 동료 연구원들은 내가 이전 장에서 얘기한 것 같은 다양한 편향이 우리의 식습관과 쇼핑 습관에서도 나타난다는 사실을 발견했다(이런 편향의 보편적인 성격을 보여주는 증거다). 예를 들어, 편리한 이용 가능성은 우리가 먹는 양에 영향을 미친다. 손 닿는 가까운 곳에 초콜릿이 있으면 초콜릿을 가지러 2미터를 걸어야 할 때보다 세 배 더 많이 먹는 것이다! 7장에서 얘기한 정보 과부하 문제에 대해 생각해보자.

완싱크는 쇼핑에서도 앞서 얘기한 앵커링 효과의 증거를 찾아냈다. 그는 소비자들이 살 수 있는 캔 수프의 수량을 제한했다. 캔 수프에는 79센트라는 가격표가 붙어 있었고(원래 가격은 89센트) 구매자에게는 "1인당 구매 개수 제한 없음", "1인당 4개", "1인당 12개"라고 적힌 안내 표지판 중 하나를 보여줬다. 구매 개수에 제한이 없을 때는 1인당 평균 3.3캔을 구입해 총 73캔이 팔렸다. 구매 가능한 개수를 4개로 제한하자 1인당 평균 3.5캔을 구매해 총 판매량은 106캔으로 늘었다. 구매 개수를 12개로 제한하자 평균 7캔씩 구매해 총 판매량은 188캔으로 치솟았다. 그냥 숫자를 제시하기만 했는데 소비자들 사이에서 매우 실제적인 반응이 나타난 것이다. 앞에서도 말한 것처럼, 이러한 현상은 현대의 리스크 관리 업계에서 나타나는 현상과 많은 부분이 유사하다.

집단의 영향은 사람들이 음식을 먹을 때도 나타난다. 당신이 다른 사람 한 명과 함께 식사할 때는 혼자 먹을 때보다 35퍼센트 정도 더 많이 먹는다. 그리고 7명 이상의 사람들과 함께 식사하면 혼자

맺음말. 자기 자신을 이기기 위한 첫걸음

먹을 때보다 거의 두 배 가까이 많이 먹게 된다! 이것이 바로 집단의 힘이다.

완싱크는 순간적인 충동의 위험을 경고한다. 자기도 모르게 유혹적인 초콜릿 바를 파는 자동판매기를 응시하고 있는 순간이 그렇다. 그걸 굳이 먹을 필요가 없다는 건 알지만, 스트레스가 심했던 하루에 대한 보상으로 초콜릿을 먹는 것이라고 자기 행동을 합리화한다. 지식이 반드시 행동 변화를 이끄는 것은 아니다.

사실 지식은 생명이 위험한 상황에서도 행동으로 이어지지 않는다. 연구원들이 HIV/AIDS 및 그 예방법에 관한 지식과 실제 성행동 사이의 차이를 조사했다.* 보츠와나 남성의 91퍼센트가 콘돔 사용이 HIV/AIDS 확산을 막는 데 도움이 된다는 사실을 알고 있지만, 그들 중 70퍼센트만 콘돔을 사용했다. 여성들의 상황은 더 심각했다. 여성의 92퍼센트가 콘돔이 HIV/AIDS 예방에 유용하다는 것을 알고 있지만 그중 63퍼센트만 콘돔을 사용했다. 이렇게 본인의 생존이 걸린 상황에서도 지식이 행동을 바꾸지 못하는 경우가 많은 것이다.

단순히 착해지겠다거나 더 나은 행동을 하겠다고 약속하는 것만으로는 충분하지 않다. 처음에는 다들 좋은 의도로 일을 시작하지만, 그런 의도를 현실화시킬 수 있는 사람은 극소수뿐이다. 한 실험

---

* T. Dinkleman, J. A. Levinsohn, R. Majelantle, "When Knowledge Isn't Enough: HIV/AIDS Information and Risk Behavior in Botswana" (NBER 조사 보고서, 2006).

에서 참가자들에게 곧 열릴 헌혈 행사 참가와 관련된 설문지를 작성해달라고 했다.* 그들은 본인의 헌혈 가능성이 어느 정도인지 평가하고, 이 문제에 대한 그들의 태도를 나타내는 문장(예: "지금 생각으로는, 7월 14~22일에 열리는 헌혈 행사에서 꼭 헌혈하고 싶다" 등)에 1점(매우 그렇지 않다)부터 9점(매우 그렇다) 사이의 점수를 매겨야 했다. 이 설문 조사를 이용해 참가자들이 현재 품고 있는 의지의 강도를 측정한 것이다. 전반적으로 사람들은 자신의 헌혈에 대해 매우 낙관했다.

9점을 준 사람들은 자기가 헌혈할 가능성이 90퍼센트라고 생각했지만, 실제로는 40퍼센트만 헌혈에 참여했다. 또 자신에게 5점을 준 사람들은 헌혈 가능성을 45퍼센트 정도로 생각했지만, 그중 실제 헌혈한 사람은 20퍼센트도 되지 않았다. 현재 헌혈 의지가 낮은 사람들(자신에게 2점을 준)은 헌혈할 가능성이 10퍼센트 정도라고 생각했지만, 결국 그들 중에서는 아무도 헌혈에 참여하지 않았다. 예상 헌혈 확률은 실제 결과보다 현재 의지의 강도에 따라 훨씬 빠르게 증가했다. 이는 현재의 의도가 행동 예측에는 매우 강한 영향을 미치지만 행동 자체에는 영향을 미치지 않는다는 사실을 보여준다. 즉 다들 자기가 미래에 좋아질 거라고 생각하지만 그렇게 되지 않는다는 얘기다!

그렇다면 어떻게 해야 이 장애물을 극복할 수 있을까? 완싱크의

---

* D. J. Koehler & C. S. K. Poon, "Self-Predictions Overweight Strength of Current Intentions," 〈실험적 사회심리학 저널〉 42 (2006): 517-524.

말에 따르면, 식습관의 경우에는 역편향과 간단한 규칙을 조합하면 도움이 된다고 한다. 예를 들어, 음식을 작은 접시에 담으면 프레임을 유리한 방향으로 바꿀 수 있다. 작은 접시를 사용하면 음식을 덜 담아도 훨씬 많아 보이기 때문이다. 접시 절반을 채소 요리로 채우고, 천천히 먹고(남들보다 먼저 식사를 시작해서 가장 늦게 마치는 등), 설탕이 든 청량음료는 하루 한 잔 이상 마시지 않는 등의 간단한 규칙을 정해두면 결국 좋은 식습관이 몸에 밸 것이다.

완싱크는 또 세 가지 이상의 행동을 한꺼번에 고치려고 하지 말라고 조언한다. 너무 많은 변화를 한꺼번에 받아들일 수 없기 때문이다. 양배추 수프 다이어트를 하면 거의 확실히 살을 뺄 수 있겠지만(물론 그러는 동안 친구들과의 사이도 멀어지겠지만) 다이어트를 그만두면 다시 살이 찌기 시작할 것이다. 그보다는 부담스럽지 않은 작은 방안을 단계별로 실천에 옮기는 게 지속 가능한 체중 감량을 위한 최선의 방법일 것이다. 이는 투자의 경우에도 마찬가지다. 단번에 모든 것을 바꾸려고 해서는 안 된다. 그러면 실패할 게 뻔하다. 자신을 가장 괴롭히는 편향이 뭔지 알아내서 그것을 먼저 해결하면 수익 향상에 도움이 될 것이다.

이 책을 통해 가장 흔한 정신적 함정에 빠지지 않도록 자신을 보호할 수 있는 방법과 세계 최고의 투자자들이 자신을 지키기 위해서 활용한 프로세스를 소개했다.

이 투자자들에게서 얻을 수 있는 가장 중요한 교훈은 과정에 집중해야 한다는 것이다. 과정은 우리가 투자를 어떻게 진행하는지 결정하는 일련의 규칙이다. 이 책《투자하는 마음》에서 계속 얘기한 것처럼, 전 세계의 위대한 투자자들(투자 범위를 전 세계로 확대한 존 템플턴 경부터 조지 소로스의 투자 일기 쓰기, 브루스 버코위츠의 회사 죽이기, 마이클 스타인하트의 포트폴리오 전량 매각에 이르기까지)은 다양한 방법을 통합해서 무분별한 투자를 방지하는 하나의 과정을 만들었다. 그들이 투자 과정을 체계적으로 정리한 이유는 그렇게 하지 않으면 다시 오래된 나쁜 습관으로 돌아갈 거라는 사실을 잘 알기 때문이다.

그러니 당신도 자신의 투자 방식을 신중하게 살펴보기 바란다. 가장 자주 저지르는 실수는 어떤 것인가? 어떻게 해야 똑같은 실수를 저지르는 것을 방지할 수 있을까? 이런 문제를 생각해보는 것이 투자할 때 가장 나쁜 적인 자기 자신을 이기기 위한 첫걸음이다!

옮긴이 | 박선령

세종대학교 영어영문학과를 졸업하고 MBC방송문화원 영상번역과정을 수료했다. 현재 출판번역 에이전시 베네트랜스에서 전속 번역가로 활동 중이다. 《타이탄의 도구들》, 《변화의 9가지 단계》, 《한 권의 심리학》, 《하버드 집중력 혁명》, 《혁신 역량 극대의 전략》, 《설득의 비밀》《부자엄마 경제학》, 《지금 하지 않으면 언제 하겠는가》, 《마흔이 되기 전에》, 《나는 돈에 미쳤다》, 《구독과 좋아요의 경제학》, 《파이낸셜 프리덤》 등 다수의 책을 번역했다.

팔면 오르고 사면 떨어지는 사람들을 위한

투자하는 마음

초판 1쇄 발행 2021년 9월 24일

지은이	제임스 몬티어
옮긴이	박선령
펴낸이	서재필
책임편집	양수빈

펴낸곳	마인드빌딩
출판신고	2018년 1월 11일 제395-2018-000009호
전화	02)3153-1330
이메일	mindbuilders@naver.com

ISBN 979-11-90015-58-5 (03320)
한국어출판권 ⓒ 마인드빌딩, 2021

· 책값은 뒤표지에 있습니다.
· 잘못된 책은 구입하신 곳에서 바꿔드립니다.

마인드빌딩에서는 여러분의 투고 원고를 기다리고 있습니다. 출판하고 싶은 원고가 있는 분은 mindbuilders@naver.com으로 기획 의도와 간단한 개요를 연락처와 함께 보내주시기 바랍니다.